示范校重点专业建设成果教材
职业教育技能型实用人才培养系列规划教材

CHENGSHI GUIDAO JIAOTONG

# 城市轨道交通客运组织

KEYUN ZUZHI

主　编　邓　宇　戴　鑫
副主编　袁　佳　帅　林

西南交通大学出版社
·成　都·

---

图书在版编目（CIP）数据

城市轨道交通客运组织 / 邓宇，戴鑫主编. —成都：西南交通大学出版社，2018.10
示范校重点专业建设成果教材　职业教育技能型实用人才培养系列规划教材
ISBN 978-7-5643-6402-1

Ⅰ. ①城… Ⅱ. ①邓… ②戴… Ⅲ. ①城市铁路－轨道交通－客运组织－职业教育－教材 Ⅳ. ①U239.5

中国版本图书馆 CIP 数据核字（2018）第 207391 号

---

示范校重点专业建设成果教材
职业教育技能型实用人才培养系列规划教材

### 城市轨道交通客运组织

主编　邓　宇　戴　鑫

| | |
|---|---|
| 责任编辑 | 周　杨 |
| 助理编辑 | 李华宇 |
| 封面设计 | 何东琳设计工作室 |
| 出版发行 | 西南交通大学出版社<br>（四川省成都市二环路北一段 111 号<br>西南交通大学创新大厦 21 楼） |
| 邮政编码 | 610031 |
| 发行部电话 | 028-87600564　028-87600533 |
| 网址 | http://www.xnjdcbs.com |
| 印刷 | 四川森林印务有限责任公司 |
| 成品尺寸 | 185 mm×260 mm |
| 印张 | 10 |
| 字数 | 212 千 |
| 版次 | 2018 年 10 月第 1 版 |
| 印次 | 2018 年 10 月第 1 次 |
| 定价 | 34.00 元 |
| 书号 | ISBN 978-7-5643-6402-1 |

课件咨询电话：028-87600533
图书如有印装质量问题　本社负责退换
版权所有　盗版必究　举报电话：028-87600562

# 市级中职示范校重点专业建设
# 教材编写委员会

**主　任**　李　灿　彭　超
**副主任**　钟晓芬　田跃红
**委　员**（以姓氏拼音排序）

| | | | | | |
|---|---|---|---|---|---|
| 蔡　继 | 陈茂贤 | 蔡咏梅 | 邓文杰 | 戴　鑫 | 邓　宇 |
| 何　川 | 何加龙 | 何　鹏 | 黄永波 | 姜　雪 | 蒋　勇 |
| 匡　鹏 | 康元博 | 林　波 | 李　广 | 罗宏亮 | 刘　君 |
| 李进才 | 李施其 | 罗　潇 | 李小燕 | 李　怡 | 刘永平 |
| 彭月秋 | 庞远智 | 邱川鄂 | 任金花 | 冉原野 | 孙　静 |
| 苏　峻 | 孙纪胜 | 帅　林 | 涂　波 | 谭　忱 | 唐艳红 |
| 唐　炽 | 温承钦 | 吴　刚 | 王　焦 | 汪　亮 | 吴　鹏 |
| 王　谦 | 蔚衍娟 | 谢文静 | 夏晓波 | 肖应刚 | 杨昌玉 |
| 尹红安 | 袁　佳 | 杨　杰 | 杨炎锋 | 郑才敏 | 郑国秀 |
| 周海涛 | 赵甲进 | 张　余 | 张云川 | 张芸聆 | 周益权 |
| 张　睿 | | | | | |

# 总 序

近 5 年来，国家先后颁布了《国务院关于加快发展现代职业教育的决定》（国发〔2014〕19 号）、《国家教育事业发展"十三五"规划》（国发〔2017〕4 号）、《国务院办公厅关于深化产教融合的若干意见》（国办发〔2017〕95 号），重庆市为贯彻落实国家颁布的相关政策文件，特制定了《重庆市人民政府关于加快发展现代职业教育的实施意见》（渝府发〔2015〕17 号）等政策文件，大力推进职业教育改革发展。

为积极响应国家政策，更好地适应重庆经济转型和产业结构调整的需要，2014 年，重庆市教委、市人力社保局、市财政局决定实施市级中等职业教育改革发展示范学校建设计划，2014—2016 年，在全市范围内重点支持建设不超过 30 所市级中等职业教育改革发展示范学校。项目学校通过人才培养模式改革、专业课程体系建设、校企合作、师资队伍建设等，促进学校改革创新、内涵发展，成为全市中等职业学校改革创新的示范、提高质量的示范、办出特色的示范，在中等职业教育改革发展中发挥引领骨干和辐射作用，为经济社会发展培养高素质劳动者和高技能技术人才。

2016 年 8 月，重庆市公共交通技工学校成功申报为市级中职示范校项目建设学校。经过两年的建设，在课程改革和教材建设上取得了可喜成绩，为进一步总结经验，固化成果，特组织骨干教师编写了 20 余门系列优质课程配套教材，并交由西南交通大学出版社审核出版。

本系列教材是在相关企业专家的悉心指导以及参与下完成的。教材以强化学生职业能力和培养综合素质为主线，以工作过程为导向，以典型工作任务和生产项目为载体，立足行业岗位要求，参照相关职业资格标准和行业技术标准，遵循中职学生成长规律、中职教育规律和行业生产规律进行开发建设。教材按照项目导向、任务驱动、模拟情境等教学模式要求，构建学习任务单元，注重学生可持续发展能力、创新能力、综合技术能力的培养，具有典型的工学结合特征。

  本系列教材是重庆市公共交通技工学校不断深化教学改革的结果，更是市级中职示范校建设的一项重要成果，其中凝聚了各位编审人员的大量心血与智慧，也凝聚了众多行业专家的智慧。同时，在编写过程中得到了有关兄弟院校的大力支持，在此一并表示诚挚感谢！希望该系列教材的出版能有助于促进中职相关专业人才培养质量的提高，能为交通运输类职业院校的教材建设起到积极的引领和示范作用。本系列教材涉及专业面广，加之编者对现代职业教育理念的学习和认知仍需不断地改进和提高，书中难免存在不妥之处，恳请专家、同行不吝赐教，以促使我们不断提高教材编写的质量和水平。

李 灿

2018 年 5 月

# 前言 PREFACE

本书依据城市轨道交通行业职业标准，通过现场专业调研以及工作岗位和工作任务分析，确定工作项目，分解出工作任务以及相应的职业能力，再进行课程体系结构分析，将典型的工作任务归纳总结形成行动领域，最后通过提炼职业行动领域确定学习领域。

本书引入"任务驱动教学法"的先进理念，打破了以往教材的"章""节"结构模式，以项目为单位，再将每个项目分成具体的学习型或工作型任务并创新地使用任务描述、任务目标、任务学习、任务检查、任务训练、任务拓展等教学模块，对使用任务驱动法开展教学起到了良好的导向作用。

在编写过程中，编者查阅了大量的资料，并多次到重庆轨道交通集团有限公司调研和培训，进行专题交流研讨。本书注重培养学生的职业能力和职业素质，内容侧重实用性、实践性，理论知识为实践服务。

全书共分为六个项目，十九个任务，主要包括城市轨道交通客运组织工作认知、城市轨道交通车站岗位认知、城市轨道交通车站运作管理、城市轨道交通车站客流组织、城市轨道交通车站客运应急处理和岗位实操等内容。本书的项目一、项目二由重庆市公共交通技工学校邓宇编写，项目三、项目四由重庆市公共交通技工学校戴鑫编写，项目五由重庆市公共交通技工学校帅林编写，项目六由重庆市公共交通技工学校袁佳编写。

本书虽经编写人员多次讨论和修改，但由于编者水平有限，难免会存在疏漏和不足之处，衷心希望各位读者给予批评指正。

**编 者**
2018 年 5 月

# 目录 CONTENTS

项目一　城市轨道交通客运组织工作认知 …………………………… 1
　　任务一　国内外城市轨道交通系统的发展认知 …………………… 1
　　任务二　城市轨道交通客运组织工作认知 ………………………… 10

项目二　城市轨道交通车站岗位认知 …………………………………… 16
　　任务一　城市轨道交通车站认知 …………………………………… 16
　　任务二　车站各岗位职责认知 ……………………………………… 29
　　任务三　车站各岗位作业流程认知 ………………………………… 43

项目三　城市轨道交通车站运作管理 …………………………………… 51
　　任务一　车站日常运作管理 ………………………………………… 51
　　任务二　车站行车组织 ……………………………………………… 59
　　任务三　车站票务管理 ……………………………………………… 68
　　任务四　车站施工管理 ……………………………………………… 78

项目四　城市轨道交通车站客流组织 …………………………………… 85
　　任务一　城市轨道交通客流组织认知 ……………………………… 85
　　任务二　城市轨道交通车站日常客流组织 ………………………… 96
　　任务三　城市轨道交通车站大客流组织 …………………………… 105
　　任务四　非正常情况下的车站客流组织 …………………………… 114

项目五　城市轨道交通车站乘客服务 …………………………………… 121
　　任务一　服务通用标准认知 ………………………………………… 121
　　任务二　车站标准客运服务 ………………………………………… 129
　　任务三　乘客事务处理服务 ………………………………………… 135

项目六　岗位综合实训 …………………………………………………… 142
　　任务一　轨道车站厅巡岗位综合实训 ………………………………… 142
　　任务二　轨道车站站台岗综合实训 …………………………………… 145
　　任务三　轨道车站票务岗综合实训 …………………………………… 147

参考文献 ……………………………………………………………………… 150

# 项目一

# 城市轨道交通客运组织工作认知

## 任务一 国内外城市轨道交通系统的发展认知

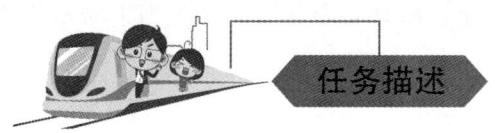
任务描述

随着社会与经济的飞速发展,城市规模不断扩大,各大城市交通拥堵问题日趋严重,城市轨道交通的发展与建设作为解决问题的关键举措,在城市发展方面发挥着重要作用。

假如你是一名轨道工作人员,要做好客运组织工作,首先需要对现今国内外城市轨道交通系统有总体认知,了解轨道交通的多种制式和类型,掌握其运营特性。

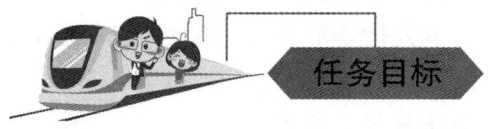
任务目标

- 能阐述国内外城市轨道交通的发展状况;
- 能说出多种制式轨道交通的特点;
- 能说出城市轨道交通系统的运营特性。

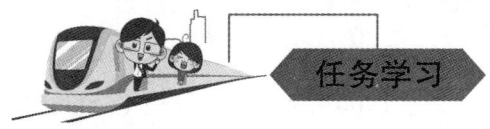
任务学习

随着全球环境、气候、能源等问题的日益突出,公路、航空、船舶等交通方式遭受巨大压力,各国政府转而寻求高效、节能、环保的运输方式——城市轨道交通。

城市轨道交通是一种具有快速、安全、节能、准时、运量大等特点的交通运输方式，包括磁悬浮、快轨、轻轨、地铁、有轨电车等。在国家标准《城市公共交通常用名词术语》中，把城市轨道交通定义成"通常以电能为动力，采取轮轨运转方式的快速大运量公共交通的总称"。城市轨道交通是公认的符合可持续发展战略的绿色交通方式。

我国人口密集、资源紧缺，城市化发展迅速，大力发展轨道交通已成为既定国策。在相关部门和各级省政府的推动下，我国城市轨道交通已进入了集中建设和全面发展时期，轨道交通线网结构越加完善，列车密度越来越大，列车速度越来越快，人们出行频率越来越高。轨道交通在百姓生活和国民经济中的地位日益重要，它正影响并改变着人们的生活轨迹和思维模式。

城市轨道交通是城市动脉，对经济发展影响巨大，作为现代化交通工具，它承载着大客流运输任务，一旦发生紧急事故，损失十分巨大。各级政府部门虽然加大了对城市轨道交通工程的安全管理力度，但由于运营安全管理工作及工程施工涉及面广，各类情况错综复杂，各种事故时有发生。因此，抓好安全保障工作是当下城市轨道交通发展的首要任务。

## 一、国外城市轨道交通的发展状况

### 1. 纽约地铁

纽约地铁诞生于1904年，是美国纽约市的快速大众交通系统，也是全球最错综复杂且历史悠久的公共地下铁路系统之一。纽约地铁24 h运行，在整个地铁系统中有很多独特的艺术作品。1904年10月27日，纽约市的第一趟地铁列车缓缓驶出市政厅车站，地球上的城市地下铁道从此诞生了（第一条地铁是伦敦的大都会地铁）。当时参与纽约地铁建设的工人有3万多人，他们中的大多数是爱尔兰人或意大利移民。纽约地铁成为成千上万人的工作场所，是他们"日出而作，日落而息"的地方，是城市四通八达、奔流不息的大动脉，也是纽约市的一条地下艺术长廊。

美国国会地铁是美国首都华盛顿哥伦比亚特区连接美国国会大厦和美国众议院、美国参议院的地铁，仅限议员、议会相关人员与职员使用，是一个免费的电气化轻轨系统。整个系统有3条线路，分别是国会大厦和参议院之间的两条线路（国会大厦—罗素参议院办公大楼，国会大厦—狄克参议院办公大楼—哈特参议院办公大楼），国会大厦和众议院之间的线路（国会大厦—瑞本众议院办公大楼）。

### 2. 巴黎地铁

巴黎地铁是法国巴黎的地下轨道交通系统，于1900年起开始运行。巴黎地铁总长度220 km，居世界第十二位，年客流量达15.06亿人次（2010年），居世界第九位。巴黎地铁有14条主线和2条支线，被称为全世界最密集、最方便的城市轨道交通系统之一，每个地铁站都设计独特，内部装饰各异，成为展示法国文化艺术的窗口。

巴黎人对他们的地铁系统是十分自豪的。经过一个多世纪的发展，目前巴黎地铁无论从其覆盖的范围、管理的完善程度，还是运行的效率来看都可以说是世界一流的水平。

3. 莫斯科地铁

莫斯科地铁全称为"列宁莫斯科市地铁系统"，被公认为是世界上最漂亮的地铁，也是世界上规模最大的地铁之一，还是世界上使用效率排名第二的地下轨道系统（第一是纽约）。地下铁道考虑了战时的防护要求，可供 400 余万居民掩蔽之用。莫斯科地铁各个地铁站均以民族特色、名人、历史事迹、政治事件为主题而建造，其中最突出的就是以爱国主义为主题的地铁站。

莫斯科地铁的建筑造型各异，但都华丽典雅。每个车站都由俄罗斯著名建筑师设计，各有其独特风格，建筑格局也各不相同，多用五颜六色的大理石、花岗岩、陶瓷和五彩玻璃镶嵌出各种浮雕、雕刻和壁画装饰，照明灯具十分别致，好像富丽堂皇的宫殿，享有"地下的艺术殿堂"之美称。2014 年 11 月 5 日，莫斯科地铁开放俄罗斯经典文学虚拟图书馆。莫斯科地铁站免费向乘客提供 100 多部经典文学作品，乘客只需用智能手机或平板扫描编码，就可以浏览图书馆的虚拟书架。

4. 东京地铁

东京地铁的总里程达到世界第四位。东京拥有如此之多的人口，其地铁从根本上舒缓了城市的交通压力，此外快捷的地铁也有效控制了汽车的数量，使得东京避免了在城市高速发展中遭受像墨西哥城那样的环境污染。

5. 伦敦地铁

伦敦地铁是世界上第一条地下铁道，总长超过 400 km，于 1856 年开始修建。1863 年 1 月 10 日，地铁开放的第一天，乘客总数就达到了 40 000 人次。按照当年 7 月的统计，地铁向公众开放的前 6 个月里，乘客数目达到 477 万人次，平均每天有 26 500 人次乘坐。近些年，在非节非假的平常日子，伦敦地铁每天的客流量约为 200 万人次，每年的客流量大约为 85 000 万人次。而在上班高峰的时间里，牛津街地铁站入口处 1 h 的客流量是 2 万多人（伦敦的人口约 700 万）。伦敦地铁极受人们的青睐。

## 二、中国城市轨道交通的运行状况

1. 基本建设情况

截至 2016 年年底，我国（不含港、澳、台地区）有 48 个城市（部分地方政府批复项目未纳入统计）在建线路总规模 5 636.5 km，同比增长 26.7%，在建线路 228 条。共有 23 个城市的在建线路超过 100 km，其中，建设规模超过 300 km 的有成都、武汉、广州、青岛、北京5个城市；建设规模在150～300 km的有深圳、上海、天津、重庆、南京、厦门、杭州、西安、苏州、长沙10个城市；建设规模在100～150 km的有昆明、宁波、南昌、佛山、温州、南宁、沈阳、福州8个城市。

据不完全统计，在建线路共计车站3 463座，其中换乘站1 037座，占车站总数的29.9%，与目前运营线路换乘站占比17.1%相比，换乘站占比大幅提高，各城市城轨交通线网逐渐形成，网络化进程加快，详情请见表1-1。

表1-1　各城市城轨交通建设规模指标

| 序号 | 城市 | 在建线路长度/km | 在建线路条数/条 | 车站数量/座 | 序号 | 城市 | 在建线路长度/km | 在建线路条数/条 | 车站数量/座 |
|---|---|---|---|---|---|---|---|---|---|
| 1 | 北京 | 316.6 | 15 | 159 | 22 | 无锡 | 33.7 | 2 | 24 |
| 2 | 上海 | 256.6 | 12 | 168 | 23 | 南昌 | 129.0 | 5 | 102 |
| 3 | 天津 | 225.5 | 8 | 178 | 24 | 兰州 | 50.1 | 3 | — |
| 4 | 重庆 | 203.4 | 8 | 126 | 25 | 青岛 | 324.1 | 8 | 168 |
| 5 | 广州 | 326.5 | 12 | 156 | 26 | 福州 | 101.6 | 4 | 67 |
| 6 | 深圳 | 255.6 | 15 | 181 | 27 | 东莞 | 37.7 | 1 | 15 |
| 7 | 武汉 | 327.3 | 15 | 216 | 28 | 南宁 | 105.7 | 4 | 85 |
| 8 | 南京 | 199.2 | 5 | 93 | 29 | 合肥 | 89.5 | 3 | 80 |
| 9 | 沈阳 | 105.0 | 4 | 69 | 30 | 石家庄 | 43.2 | 2 | — |
| 10 | 长春 | 54.7 | 3 | — | 31 | 济南 | 47.7 | 2 | 24 |
| 11 | 大连 | 66.5 | 3 | 18 | 32 | 太原 | 23.4 | 1 | 21 |
| 12 | 成都 | 394.8 | 16 | 278 | 33 | 贵阳 | 62.7 | 2 | 49 |
| 13 | 西安 | 195.1 | 9 | 127 | 34 | 乌鲁木齐 | — | | |
| 14 | 哈尔滨 | 74.8 | 4 | 59 | 35 | 厦门 | 198.9 | 5 | 125 |
| 15 | 苏州 | 185.1 | 6 | 141 | 36 | 徐州 | 64.3 | 2 | 54 |
| 16 | 郑州 | 76.2 | 3 | 58 | 37 | 常州 | 34.2 | 1 | 29 |
| 17 | 昆明 | 143.5 | 9 | 55 | 38 | 温州 | 117.1 | 2 | 40 |
| 18 | 杭州 | 196.6 | 7 | 128 | 39 | 芜湖 | 16.2 | 1 | 12 |
| 19 | 佛山 | 124.3 | 4 | 70 | 40 | 淮安 | — | | |
| 20 | 长沙 | 168.9 | 8 | 121 | 41 | 红河州 | 24.6 | 1 | |
| 21 | 宁波 | 136.0 | 6 | 85 | 42 | 珠海 | 8.9 | 1 | 14.0 |

### 2. 规划情况

据不完全统计，截至 2016 年年底，我国（不含港、澳、台地区）已获得城轨交通建设项目批复的城市有 58 个［包括地方批复的淮安、南平、珠海、红河州、文山州、渭南（韩城）、安顺（黄果树）、三亚、黄石、泉州、台州、海西州（德令哈）、天水、毕节 14 个城市］，规划线路总长度为 7 305.3 km。

50 个城市批复规划线路均超过 2 条，线网规模超 100 km 的有 28 个城市。据不完全统计，规划车站总计 4 562 座，其中换乘站 1 213 座，换乘站占比为 26.6%，换乘站占比保持较高水平，表明线路的网络化结构已逐渐形成。规划线路包含地铁、轻轨、单轨、市域快轨、现代有轨电车、磁浮交通、APM 等 7 种制式，城轨交通制式继续呈现多元化发展格局。

### 3. 基本运营情况

截至 2016 年年底，我国（不含港、澳、台地区）共 30 个城市（新增福州、东莞、南宁、合肥 4 市）开通城轨交通运营，共计 133 条线路，总长度约为 4 152.8 km，2016 年各城市的城市轨道交通运营里程如图 1-1 所示。其中，地下线 2 564 km，占 61.7%；地面线 389.7 km，占 9.4%；高架线 1 199.1 km，占 28.9%。

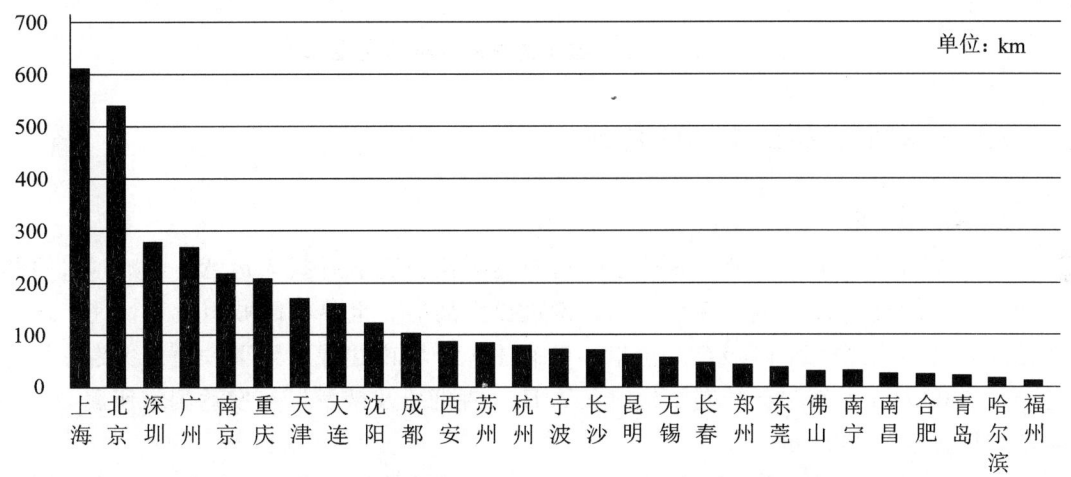

图 1-1  2016 年各城市的城市轨道交通运营里程

截至 2016 年年底，我国（不含港、澳、台地区）运营车站总数为 2 671 座，其中换乘站 457 座，占比 17.1%；车辆场段 168 座。拥有 2 条及以上城轨交通线路的城市 21 个，占 30 个运营城市的 70%，城轨交通的网络化运营已成为主要趋势。

据不完全统计，城轨交通 2016 年完成客运量总计 160.9 亿人次，比 2015 年的 138 亿人次增长了 22.9 亿人次，增长 16.6%。其中，北京客运量达到 36.6 亿人次（不含 77 km 市域快轨的客运量），首次实现了日均客运量超千万人次（1 002.5 万人次）；上海客运量 34 亿人次（不含 56 km 市域快轨的客运量），广州客运量 24.8 亿人次，深圳客运量 12.9 亿人次，均创历史新高，北京、上海、广州、深圳 4 个城市的客运量占全国总量的 67.3%。各城市的城轨轨道交通客运量情况如图 1-2 所示。

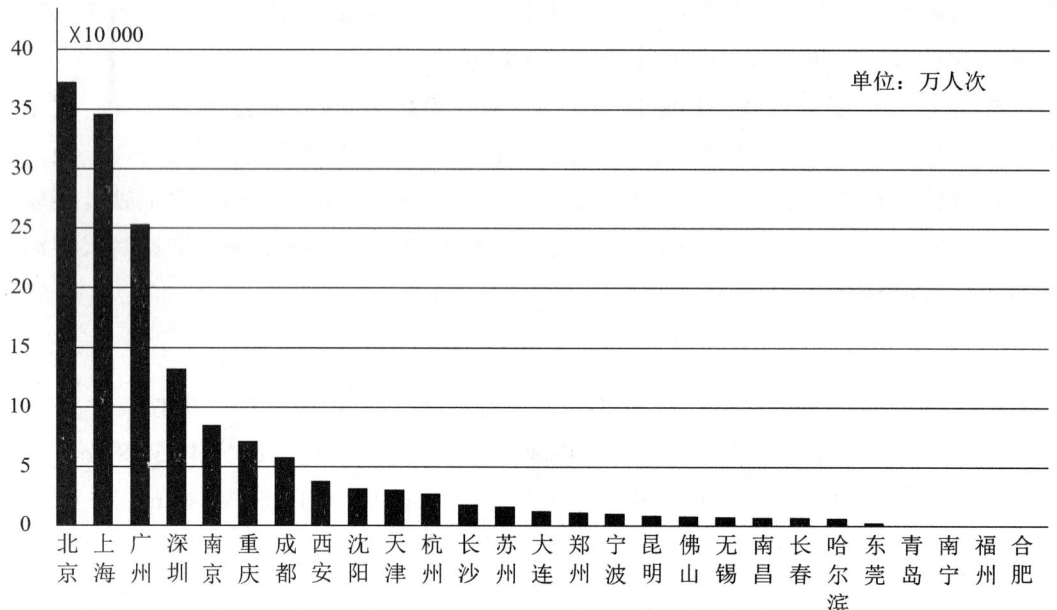

图 1-2　2016 年各城市的城轨交通客运量情况

### 三、多种制式轨道交通的特点

#### 1. 地下铁道

1863 年 1 月，世界上第一条地下铁道在英国伦敦建成并投入运营，开始时采用蒸汽牵引，1890 年起改为电力牵引。第二次世界大战后，世界各国城市发展快速，地下铁道发展极为迅速。到 1999 年，全世界已有 115 个城市建成了地下铁道，线路总长度超过了 7 000 km，其中英、美、法、德、日、西班牙及俄罗斯等发达国家所属 20 个城市总里程达 2 840 km。

当前，城市轨道交通有两个发展趋势。一是地铁从早期单一的地下隧道线路发展成地下隧道、高架和地面线路相结合的交通系统，新建地铁大多数属这种情况：一段地铁在市中心采用地下隧道，在城市边缘、近郊区或特殊地形地段采用高架或地面线路，这样可以降低工程造价、缩短施工时间。二是地铁建设呈现多元化趋势，它已经成为一个包括重型地铁、轻型地铁、微型地铁的地铁家族。

#### 2. 轻轨铁路

轻轨是从旧式有轨电车发展演变而来的。过去，国外许多城市发展快速轨道交通以地下铁道为主，但地下铁道昂贵的造价，使许多城市对修建地铁望而生畏。因此，从20世纪70年代开始，欧洲和北美的一些国家纷纷对20世纪30年代后拆除的城市旧式有轨电车系统产生了浓厚兴趣，它们通过对旧式有轨电车系统的技术改造，建成了一种全新的轻轨系统。据统计，至20世纪90年代初期，已经有欧洲的十几个国家，北美的美国、加拿大，亚洲的日本、中国、菲律宾以及非洲的突尼斯等国家和地区建成了轻轨系统，轻轨线路的总长约为1 300 km。如同地铁的发展一样，轻轨的建设同样也朝着多样化方向发展。在多元化的轻轨技术标准系列中，处于技术标准高低两端位置的分别是准地下铁道和新型有轨电车系统。

3. 单轨铁路

单轨铁路是铁路的一种，其特点是只使用一条轨道，而非传统铁路的两条平衡路轨。和城市轨道交通系统相似，单轨铁路主要应用在城市人口密集的地方，用来运载乘客。早在1824年，英国就出现了为伦敦码头运货而修建的单轨铁路，当时只能靠畜力牵引车辆。世界上第一条跨坐式单轨铁路线诞生于1888年，由法国人设计，在爱尔兰铺设，线路长约15 km，由蒸汽机车牵引，这条线路一直运行到1924年10月。1893年德国人发明了悬挂式单轨交通，并于1898—1901年在著名悬车之城——德国鲁尔区伍珀塔尔修建了13.3 km的悬挂式单轨铁路。1960年，法国的雷诺、米西兰、里昂水电公司等十几家公司联合设计出悬挂式单轨车，并以各公司名首字母命名为SAFEGE（萨非基）悬挂式单轨车。

尽管单轨铁路在20世纪初期已经在城市交通中出现，但因技术上还不够成熟，没有像有轨电车和公共汽车那样在城市交通中得到广泛应用。直到20世纪下半叶，随着跨骑式和悬挂式单轨铁路技术的成熟，以及单轨铁路作为解决城市公共交通问题的途径得到各方面的重视，单轨铁路才从作为博览会会场和游乐场所运送观光娱乐客流的工具逐渐成为现代化的城市客运交通工具。目前，日本、德国、美国、意大利和乌克兰等国家建有单轨铁路。重庆轨道交通2号线是我国第一次引进国外先进技术，通过消化吸收再创新，建设并成功运营的国内第一条单轨交通线路，如图1-3所示。

图1-3 重庆轨道交通2号线

### 4. 自动导向交通系统

自动导向交通系统是指不同于传统技术的轨道交通系统或有轨、无轨复合交通系统，它是新交通系统的核心，也称狭义的新交通系统。对新交通系统，包括以下4种类型：

（1）连续运输系统，如自动人行道等。

（2）轨道交通系统，已投入运营的有中、小运量的 PM（项目管理）等系统。

（3）无轨交通系统，即由电子计算机集中管理运行的出租汽车和公共汽车系统。

（4）复合交通系统，是指有轨和无轨联运的运输系统，车辆可在轨道上以列车方式自动驾驶运行，也可在运输末端以单辆方式人工驾驶运行。

新交通系统的研究起源于1968年，当时美国在一个名为 Tomorrow's Transportation（未来的运输）的报告中，针对城市交通问题首次提出了新交通系统的设想。此后，从事这方面研究开发的国家增多，据有关资料介绍，迄今为止已经提出的各种新交通系统设想有600多种，但大多是处于研究试验阶段，实际达到应用阶段的较少。20世纪70年代先后建成投入运营的自动导向交通系统有美国达拉斯沃斯堡机场的旅客捷运系统（People Movers）和摩根城的个人快速公交（Personal Rapid Transit）系统等。经过20世纪70年代的研制，进入20世纪80年代后，日本、法国和德国等国家也建成了自动导向交通系统，其中尤以日本发展最快，神户、大阪等城市先后建成了7个自动导向交通系统，线路总长达48 km。

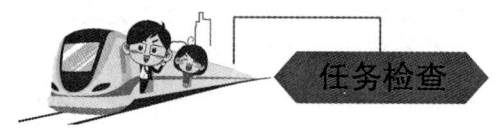

表1-2 国内外城市轨道交通系统的发展认知——任务检查单

| 任务编号 | 1-1 | 任务名称 | 国内外城市轨道交通系统的发展认知 | | |
|---|---|---|---|---|---|
| 序号 | | 检查内容 | | 是 | 否 |
| 国内外城市轨道交通发展状况阐述检查 | | | | | |
| 1 | 简述世界各国轨道交通发展情况 | | | | |
| 2 | 叙述我国城市轨道交通发展情况 | | | | |
| 3 | 简述我国主要城市轨道交通发展中需要解决的问题 | | | | |
| 多种制式轨道交通的特点说明检查 | | | | | |
| 4 | 阐述多种制式轨道交通的特点 | | | | |
| 城市轨道交通系统的运营特性阐述检查 | | | | | |
| 5 | 举例阐述我国城市轨道交通系统的运营特性 | | | | |

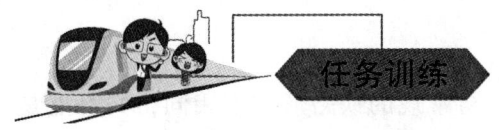

## 一、选择题

1. 自动导向交通系统的优点是（　　）。
   A. 技术简单　　　　　　　　　　B. 噪声较低
   C. 速度快　　　　　　　　　　　D. 输送能力强
2. 独轨列车通常为 4 辆编组，由于受站台长度限制，最多为（　　）辆编组。
   A. 8　　　　　B. 7　　　　　C. 6　　　　　D. 5
3. 影响城市交通需求的因素很多，有经济因素，也有非经济因素，概括起来主要有（　　）等。
   A. 城市经济发展水平　　　　　　B. 城市各功能区域的布局
   C. 人口密度　　　　　　　　　　D. 流动人口数量
   E. 国民收入
4. 目前，（　　）是独轨铁路最多的国家。
   A. 日本　　　　　　　　　　　　B. 美国
   C. 德国　　　　　　　　　　　　D. 意大利
5. 地铁始建于 1965 年 7 月 1 日，1969 年 10 月 1 日第一条地铁线路建成通车，成为我国第一个拥有地铁的城市是（　　）。
   A. 北京　　　　　　　　　　　　B. 大连
   C. 广州　　　　　　　　　　　　D. 天津
6. 引起城市交通阻塞的主要原因有（　　）等。
   A. 道路面积少　　　　　　　　　B. 人口密集、客流量大
   C. 缺乏科学的现代化管理　　　　D. 城市空间资源利用不均衡
   E. 城市交通系统结构不合理

## 二、填空题

1. 地铁站按其运营功能划分为_____、_____和_____。
2. 城市轨道交通的需求具备的特征有_____、_____、_____、_____。
3. 运用高技术标准的轻轨，按路权及列车运行控制方式分为_____、_____。
4. 轨道按高峰小时客流量可分为_____、_____和_____。
5. 城市轨道交通的服务宗旨是_____。

三、判断题

（　　）1. 市郊铁路的线路和轨道形式与常规的铁路形式不相同，其特点是装备重型化，最高运行速度比干线铁路高。
（　　）2. 自动导向交通系统线路长度通常为 5~15 km，以单双线为主。
（　　）3. 橡胶轮的作用是提高轻轨车辆的运行平稳性，降低噪音和减少轮轨摩擦。
（　　）4. 世界第一条地下铁路在美国纽约建成并投入运营。
（　　）5. 城市轨道交通客运能力大，但线路的灵活性差，应急能力有限。

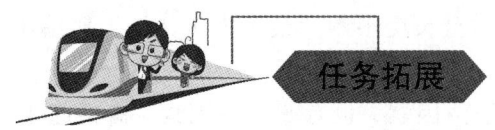

通过查询书刊、网络等多种途径制作 PPT，说明不同城市轨道交通系统类型在世界各城市的应用情况，分析该城市选用此类型轨道交通系统的原因。

# 任务二　城市轨道交通客运组织工作认知

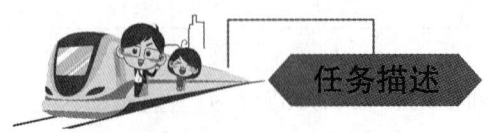

城市轨道交通主要通过合理的客运组织来完成其大容量的客运任务。城市轨道交通客

运组织必须遵循集中领导、统一指挥的原则,协调好车站与各部门岗位之间的关系,严格按照客运组织工作的宗旨和基本要求,努力组织好乘客的乘降和换乘等作业。

本任务我们需要了解城市轨道交通客运组织的工作特点、工作宗旨、基本要求及工作内容等。

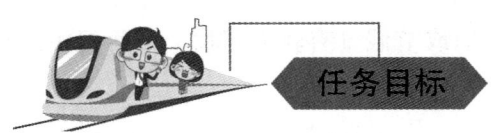

- 能阐述客运组织的工作原则、特点、宗旨;
- 能阐述客运组织工作的基本要求;
- 归纳总结客运组织工作的主要内容。

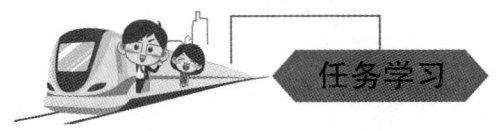

## 一、城市轨道交通客运组织的概念

城市轨道交通客运组织是指通过合理布置客运有关设施、设备,对客流采取有效的分流或引导措施来组织客流运送的过程。

客运组织工作是城市轨道交通运营生产的重要组成部分,客运服务质量直接反映城市轨道交通运营企业的管理水平。因此,客运组织工作必须实行统一领导、分级管理的原则,控制指挥中心(OCC)负责全线的客运组织工作,车站的客运组织由车站站长或值班站长负责。客运组织工作需建立健全的各项工作制度,运营、乘务、维修等各部门之间密切配合,共同维护好站、车秩序,完善服务细节,提升工作效率和服务质量。

## 二、城市轨道交通客运组织的工作原则、特点、宗旨

客运组织工作必须实行集中领导、统一指挥的原则。运营控制指挥中心负责全线的客运组织工作,车站的客运组织由车站站长或当班值班站长负责。

客运组织的工作特点如下：

（1）客运服务的对象是市内交通乘客，不办理行李包裹托运服务。

（2）全日客流分布在时间上有较为明显的高峰（一般为早、晚高峰）和低谷。高峰时段客流量集中，时间性强，在空间上又有不同的区间客流分布。针对客流的变动情况，要赋予客运组织工作新的内容。

（3）全年客流分布在时间上按季、月、周或节假日有较大起伏。客运组织工作要预先准备，经常演练，从容应对。

客运组织的工作宗旨如下：

（1）迅速。运营生产各部门相互配合，提高列车运行速度，缩短列车间隔时间，减少设备故障，确保乘客快捷到达目的地。

（2）便利。车站内、外导向标识明显，地下通道、出入口与地面其他交通工具衔接紧密，方便乘客换乘。

（3）优质服务。客运服务工作人员应严格遵守职业道德，礼貌待客，耐心正确地解答乘客问询，主动热情地为乘客服务。

车站客运工作是完成轨道交通运输任务的重要组成部分。客运工作直接面对乘客，能否安全、便利、舒适、文明地为乘客服务，是反映轨道交通运营管理水平的标志之一。

### 三、客运组织工作的基本要求

客运组织工作主要在车站完成，车站客运作业包括售检票作业、乘客问询、客流疏导、站台服务等。车站是轨道交通对乘客服务的窗口，车站客运服务的质量，直接关系到市民对轨道交通的满意度，也反映了轨道交通运营企业的管理水平。

车站客运组织工作的基本要求如下：

（1）安全准时。保证乘客进站、出站和乘车的安全，确保列车按列车运行图规定的时间运行。

（2）服务质量第一。客运工作人员应遵守职业规范，文明礼貌、主动热情地为乘客服务；耐心正确地回答乘客提出的询问，帮助乘客解决疑难问题；经常征求乘客的意见，及时改进工作，提高客运服务质量。

（3）严格按规章办事。客运工作人员应严格执行作业规章制度，服从命令，听从指挥。执行职务时，工作人员要仪表整洁，按规定着装，并佩戴标志。

（4）导向标志完善。车站出入口应有站名标记，车站内应有到达出入口、检票口、站台、售票处和小商店等处的指路标牌。此外，还应有指引乘客换乘其他轨道交通线路或地面公交线路的换乘导向示意图。

（5）掌握客流变化。车站要经常进行客流调查与分析，积累客流资料，掌握不同时期、季节、时间和性质的客流变化规律。

（6）搞好联劳协作。客运工作人员应随时与驻站维修人员、公安人员、商铺等有关工种作业人员加强联系、密切配合、协同工作，确保列车与乘客安全。

（7）站容整洁。车站内外应门窗齐全、明净。各种设备和设施摆放整齐、有序。站厅、通道及出入口的墙壁光洁，地面无痰迹和废弃物，厕所清洁卫生。

（8）方便迅速。导向标志清晰准确，售检票设备操作方便，确保乘客快捷地到达目的地。

## 四、客运组织工作的主要内容

客运组织工作的主要内容包括车站售检票位置的设置、车站导向的设置、车站自动扶梯的设置、隔离栏杆等设施的设置，以及车站广播的导向、售检票数量的配置、工作人员的配备、应急措施等。

不管是何种类型的车站（高架、地下、地面），进站乘客最基本的流线都是：购票—过检票机—通过楼梯上站台（侧式站台地面站一侧乘客可直接进入站台）—乘车。出站乘客则反之。进、出站流程是两个完全对称的逆向过程。

城市轨道交通客运工作的特点决定客运组织应以保证客流运送的安全，保持客流运送过程的畅通，尽量减少乘客出行的时间，避免拥挤，便于大客流发生时的及时疏散为目的。

为此，在进行客运组织时应特别考虑以下几方面的原则：

（1）合理安排售检票位置、出入口、楼梯，行人流动线简单、明确，尽量减少客流交叉、对流。

（2）乘客换乘其他交通工具之间顺利连接。人流与车流的行驶路线严格分开，以保证行人的安全和车辆行驶不受干扰。

（3）完善导向系统，快速分流，减少客流集聚和过分拥挤现象。

（4）满足换乘客流的方便、安全、舒适等一些基本要求。例如，适宜的换乘步行距离、恶劣天气下的保护、气候调节，对残疾人专门设计无障碍通道，照明、开阔的视野以及突发事件应急系统等。

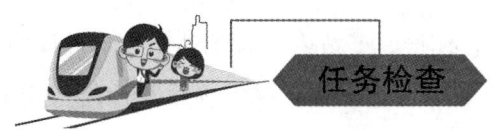

表 1-3　城市轨道交通客运组织工作认知——任务检查单

| 任务编号 | 1-2 | 任务名称 | 城市轨道交通客运组织工作认知 | 是 | 否 |
|---|---|---|---|---|---|
| 序号 | | 检查内容 | | 是 | 否 |
| | 客运组织工作阐述检查 | | | | |
| 1 | 阐述客运组织的工作原则、特点、宗旨 | | | | |
| 2 | 阐述客运组织工作的基本要求 | | | | |
| | 客运组织工作的主要内容讨论总结检查 | | | | |
| 3 | 分组讨论客运组织工作的主要内容 | | | | |
| 4 | 归纳总结客运组织工作的主要内容 | | | | |

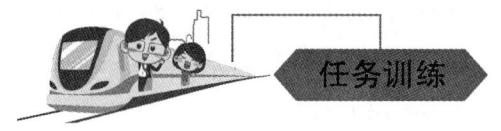

一、选择题

1. 轨道车站客运作业不包括（　　）。
   A. 售检票作业　　　　　　　　　　B. 乘客问询
   C. 清扫地面　　　　　　　　　　　D. 站台服务
2. 合理安排售检票位置、出入口、楼梯，行人流动线简单、明确，尽量减少客流（　　）。
   A. 交叉　　　B. 拥挤　　　C. 换乘　　　D. 上下车
3. 车站的客运组织由（　　）负责。
   A. 站务员　　　　　　　　　　　　B. 调度员
   C. 票务员　　　　　　　　　　　　D. 当班值班站长
4. 交通运输部门的生命线是（　　）。
   A. 快速　　　B. 安全　　　C. 准时　　　D. 服务

5. （　　）负责全线的客运组织工作。
   A. 客服中心　　　　　　　　B. 车站车控室
   C. 运营控制指挥中心　　　　D. 车辆段

## 二、填空题

1. 客运组织工作必须实行_____、_____的原则。
2. 全日客流分布在时间上有较为明显的_____和_____之分。
3. 客运组织工作要_____、_____、_____。
4. 重大节假日前，车站人员应将有关_____及_____通报各部门。
5. 定期组织各部门参加_____或_____。

## 三、判断题

（　　）1. 定期检查所有的运营设备，保证其处于良好状态。
（　　）2. 运营生产各部门只要严格按列车运行图组织工作就能保证行车安全。
（　　）3. 行人流动线越长越好，缓解客流压力。
（　　）4. 人流与车流的行驶路线应严格分开，保证安全。
（　　）5. 全年客流分布在时间上毫无规律可言。

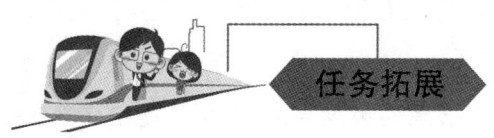

选择重庆市客流量较大的换乘站进行客运组织工作分析，利用资料查阅、文献检索，收集关于该站的客流现状，并制作PPT呈现分析成果。

# 项目二

# 城市轨道交通车站岗位认知

## 任务一　城市轨道交通车站认知

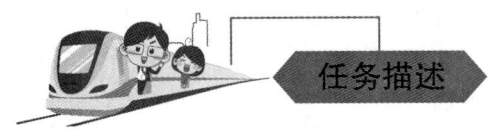

城市轨道交通车站是城市轨道交通系统最重要的组成部分,既是客流集散的场所,又是城市轨道交通运营设备集中设置的场所。车站不仅是线路上供列车到、发及折返的分界点,保证行车安全和正常通行,也是乘客旅行的起点、终点及换乘的地点。了解车站人员组织架构,熟练掌握车站布局及功能组成,合理利用车站设施设备,是组织乘客安全、迅速、方便地乘降、换乘和进出的重要前提。

本任务我们将熟悉车站的构造和主要设备。

- 能用图表展示地铁车站人员组织架构；
- 能阐述车站的不同分类方式；
- 能绘制车站构造示意图,并说明车站的主要组成部分及其功能。

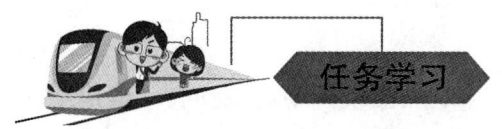

## 一、车站人员组织架构

客运工作涉及的任务种类多、工作量大,特殊情况时有发生,因此,需要一套完善的管理模式、合理的岗位设置和任务明确的岗位职责。随着城市轨道交通车站设施设备的不断发展与变化,我国各大城市轨道交通车站的设施设备及岗位设置也有所不同,各客运岗位的工作职责及作业标准也存在差异。

一般来说,车站总体人员由车务工作人员及非车务工作人员组成。车务工作人员由中心站长、中心站副站长、站长助理、值班站长、值班员及站务员组成。非车务工作人员由驻站公安、保安、保洁、维修人员及商铺工作人员组成。

## 二、各岗位之间管理层次

(1)车站主要负责对乘客的服务和车站工作人员、设备设施的管理工作以及各车站的具体运作,包括行车、客运、票务、综合治理等。车站层级管理框架如图 2-1 所示。

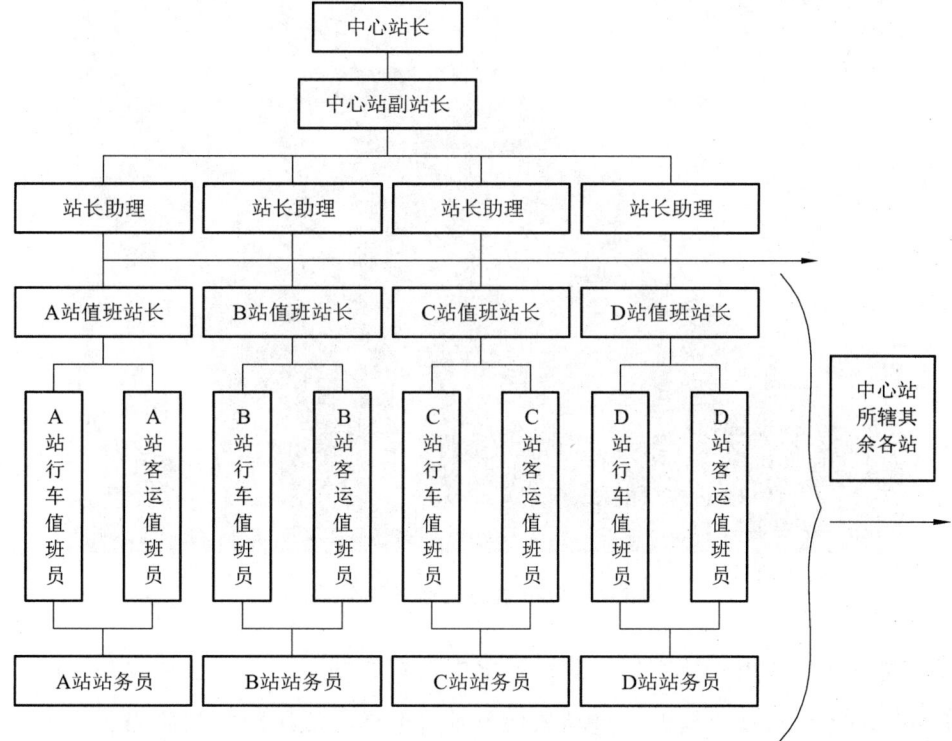

图 2-1 车站层级管理框架

（2）各层级之间的管理层次。

① 车站实行逐级负责制，顺序依次为：中心站站长—中心副站长—值班站长—值班员—站务员。

② 信息汇报实行逐级汇报，由下至上顺序依次为：站务员—值班员—值班站长—中心站副站长—中心站站长。

③ 紧急情况下，可越级指挥、越级汇报。

## 三、车站的功能及分类

### （一）车站的功能

城市轨道交通车站是城市轨道交通系统最重要的组成部分，具有供乘客乘降、换乘及列车折返、停车检修、临时待避等功能，以满足安全、迅速、方便地组织乘客进出的运营要求。城市轨道交通车站外观如图2-2所示。

图 2-2 城市轨道交通车站外观

车站同时又是城市轨道交通运营设备集中设置的场所，主要包括线路、道岔、通信、信号、环控、自动售检票、自动扶梯及垂直电梯、低压配电及照明、给排水及消防、火灾监控报警、机电设备监控等。其功能一般包括以下几点：

（1）车辆的折返、存车、停车检修、临时待避等；

（2）为乘客提供同种交通方式或不同交通方式间的换乘服务；

（3）为乘客提供上下车服务；

（4）为乘客提供休息、餐饮等增值服务；

（5）乘客集中和疏散。

### （二）车站的分类

**1. 按车站客流量大小分类**

按车站客流量大小，车站可分为特等站、一等站和二等站。

（1）特等站：高峰小时进出站总客流量在3万人次以上；

（2）一等站：高峰小时进出站总客流量在2万～3万人次；

（3）二等站：高峰小时进出站总客流量在2万人次以下。

**2. 按车站的运营功能不同分类**

按车站的运营功能不同，车站可分为始发（终到）站、中间站、换乘站、车辆段和停车场。

（1）始发（终到）站：一般设置在线路两端。除具有供乘客乘降的基本功能之外，还可供列车折返、停车检修之用，如重庆轨道3号线鱼洞站、江北机场站等。

（2）中间站：一般只供乘客乘降，有些中间站还设有折返线、渡线和存车线等，可供小交路折返等列车运行调整。城市轨道交通车站大多属于中间站，如重庆轨道1号线的沙坪坝站、石桥铺站。

（3）换乘站：一般设置在两条及两条以上的城市轨道交通线路交叉点。除具有供乘客乘降的基本功能之外，其最大的特点是乘客可从一条线路换乘到另一条线路，如重庆轨道2号线的牛角沱站、北京地铁的复兴门站。

（4）车辆段（见图2-3）和停车场（见图2-4）：轨道交通车辆段分为检修车辆段（简称车辆段）和停放车辆段（简称停车场）。在车辆段配备了必要的停车线及检修设备，列车可以在这里进行试运转、段内编组、停车、日常检查、一般故障处理和清洗，还可以进行车辆的技术检查、月修、定修和临修等作业。停车场是一种简单的车辆段，与车辆段的差别是：线路数目少，检修设备也较少，因而只进行定修和月修等技术作业。

图 2-3　车辆段

图 2-4　停车场

3．按车站建筑的位置分类

城市轨道交通车站按车站建筑的位置，可分为地下站、地面站和高架站。

（1）地下站：指车站主体建筑和设备设施设置在地下隧道的车站，可分为浅埋车站和深埋车站。大多数地铁车站为地下站。

（2）地面站：指车站主体建筑和设备设施设置在地面的车站。

（3）高架站：指车站主体建筑和设备设施设置在高架桥上的车站。

4．按站台形式分类

按站台形式，车站可分为岛式车站、侧式车站和混合式车站。

（1）岛式车站（见图2-5）：上、下行线分布在站台的两侧，站台面积可以得到充分利用，乘客换乘方便，如重庆轨道3号线的南坪站。

图2-5 岛式车站

（2）侧式车站（见图2-6）：站台分布在上、下行线一侧，乘客乘降车互不干扰，不易乘错方向，且站台横向扩展余地大，如重庆轨道1号线的大学城站。

图2-6 侧式车站

（3）混合式车站（见图2-7）：既有岛式站台，又有侧式站台的混合形式，设有道岔和信号联锁设备，如重庆轨道2号线的动物园站。

图 2-7 混合式车站

## 四、车站构造

车站主要由出入口、通道、站厅层、站台层、隧道、风亭和冷却塔组成。

### (一) 出入口

出入口是地面与城市轨道交通车站的衔接口,也是城市轨道交通管理辖区的分界点。出入口一般都设置有防盗卷帘门,只有在运营结束后或在突发情况下才会处于关闭状态。出入口还设有一定数量和类别的导向标志,以引导乘客的出行。

每个车站至少保证有一个出入口设置垂自电梯,专为残疾人士和有需要的乘客服务。车站出入口的设计还应考虑与周边物业接驳,并承担部分过街客流。

### (二) 通 道

城市轨道交通车站的出入口、站厅层、站台层以通道连通,通道主要由楼梯、自动扶梯和步行道构成。

与周边物业连通的车站通道,按不同的连通方式主要分为结合连通型、通道连通型和无缝连通型等几种。

#### 1. 结合连通型

城市轨道交通车站出入口与物业的建筑物地下空间完全结合,该出入口的乘客必须经连通部分才能进出地铁车站,一般以连通的建筑用地红线作为连通分界线。连通设施的运营管理及维护由城市轨道交通相应的运营公司负责。

2. 通道连通型

城市轨道交通出入口通道增设一个连通接口,使建筑物地下空间与地铁车站连通,仍保留地铁站原设计出入口。连通设施的运营管理及维护由城市轨道交通相应的运营公司负责。

3. 无缝连通型

城市轨道交通车站站厅层与申请连通的建筑物地下空间采用面的结合方式连通,形成整体空间,一般以连通面作为连通分界线。连通设施的运营管理及维护由连通申请人负责。

（三）站厅层

站厅层是换乘列车的中转层,其主要作用是集散客流,为乘客提供售票、检票等服务。站厅层按其用途分为公共区和设备区。

1. 公共区

公共区是乘客集散的区域,可以划分为付费区和非付费区。进站乘客在非付费区完成购票后通过检票设备进入付费区,到站台乘车（见图 2-8）;出站乘客通过检票设备进到非付费区后出站（见图 2-9）。非付费区内除了设置必要的售检票系统设备外,还可根据站厅面积大小设置商铺、自助银行、公共洗手间、自动售货机等便民设备设施,布置原则以不影响乘客出入为首要条件。

图 2-8 到站乘车

图 2-9 出站

2. 设备区

设备区主要设有设备用房和管理用房。

设备用房是安置各类设备、进行日常维修及保养设备的场所，主要分为票务维修室、通信机械室、环控配电室、照明配电室、低压配电室、蓄电池室、环控机房、污水泵房、混合风室、风机房、电缆井、屏蔽门控制室、电梯机房、变电所整流变压室、整流器柜及直流开关柜室等。

管理用房（见图 2-10）是车站工作人员的办公用房，包括车站控制室（以下简称车控室）、站长室、站务室、会议室、票务室、信号值班室、更衣室、休息室、卫生间、备品库、垃圾间、清扫工具间等。

图 2-10 管理用房

## （四）站台层

站台层（见图 2-11）主要是供列车停靠、乘客候车及乘降车的区域。站台层也分为公共区和设备区，一般两端为设备区，中间为公共区。设备区设有设备用房和一些管理用房。

图 2-11　站台层

公共区的功能是供乘客上下车和候车，主要有站台监控亭、乘客座椅、紧急停车按钮等设备设施。

## （五）隧　道

隧道（见图 2-12）是地下站为提供列车运行而设的通道。隧道主要有矩形隧道、马蹄形隧道、圆形隧道。隧道内有地铁线路以及轨旁设备、接触网、通信设备、信号设备、消防及给排水设施等。

图 2-12　隧道

## （六）风　亭

风亭（见图 2-13）是为车站提供换风的设施，一般分为活塞风亭、排热风亭和新风亭。风亭原则上按车站"两端布置，一端一组"设置，根据周边环境的条件采用独立式或合建式。

图 2-13　风亭

## （七）冷却塔

冷却塔（见图 2-14）是为中央空调提供散热的设备。冷却塔原则上按车站"一端布置，每站一组"设置。

图 2-14　冷却塔

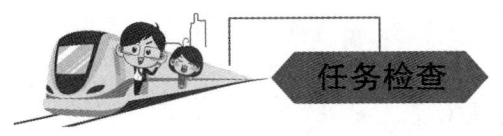 任务检查

表 2-1 城市轨道交通车站架构认知——任务检查单

| 任务编号 | 2-1 | 任务名称 | 城市轨道交通车站架构认知 | | |
|---|---|---|---|---|---|
| 序号 | | 检查内容 | | 是 | 否 |
| | 地铁车站人员组织架构展示 | | | | |
| 1 | 用图表展示地铁车站人员组织架构 | | | | |
| 2 | 讲解架构图 | | | | |
| | 阐述车站的不同分类方式 | | | | |
| 3 | 阐述车站的功能 | | | | |
| 4 | 阐述车站的不同分类方式 | | | | |
| | 绘制车站构造示意图，并说明车站的主要组成部分及其功能 | | | | |
| 5 | 绘制车站构造示意图 | | | | |
| 6 | 讲解所绘制车站的组成部分及功能 | | | | |

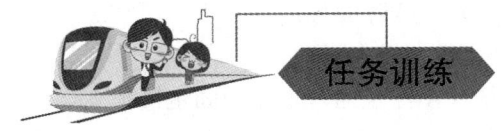 任务训练

一、选择题

1. 城市轨道交通的换乘方式主要有（　　）。
　　A. 站台换乘　　　B. 站厅换乘　　　C. 通道换乘　　　D. 组合式换乘
2. （　　）是提供轨道交通车辆与工程车辆整备作业、停放、保养、维修及清洗的场所。
　　A. 车辆段　　　B. 停车场　　　C. 车体　　　D. 出车
　　E. 列车发车
3. 列车运行到终点站或在短交路和长短交路情况下，运行到中间折返站需要进行（　　）。
　　A. 检修作业　　　B. 进站作业　　　C. 折返作业　　　D. 出站作业
4. 在所有换乘方式中，（　　）的换乘能力最小，其制约因素是自动扶梯（楼梯）的运量。

A. 同站台换乘 B. 站台换乘
C. 上下层站台换乘 D. 站厅换乘

5. 车站站台面积可以得到充分利用的是（　　）。
A. 岛式车站 B. 侧式车站
C. 混合式车站 D. 辐式车站

## 二、填空题

1. 车站吸引区域是以_____为圆心、以_____为半径的圆来确定的。
2. 城市轨道交通车站按照车站修建位置分类可分为_____、_____与_____；按其规模的大小分类可分为_____、_____和_____。
3. 每个车站至少保证有一个出入口设置_____，专为残疾人士和有需要的乘客服务。
4. _____是乘客集散的区域，可以划分为_____和_____。
5. 当楼梯宽度大于_____时，应设置_____。

## 三、判断题

（　　）1. 车站的大小在很大程度上取决于站台的宽度。
（　　）2. 站台层的公共区是乘客集散的区域，可以划分为付费区和非付费区。
（　　）3. 城市轨道交通车站是城市轨道交通系统最重要的组成部分，是客流集散的场所，同时又是城市轨道交通运营设备集中设置的场所。
（　　）4. 站内乘车导向以 100 m 为间隔距离连续设置。
（　　）5. 当发生火灾时，车站的自动扶梯须停止运行，作为固定楼梯来疏散乘客。

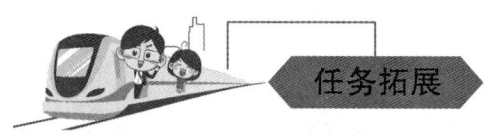

任务拓展

选取已开通的一条地铁线路，分析该线路所有车站的类型；选取两个车站分析设置因素，制作 PPT 并进行讲解。

# 任务二　车站各岗位职责认知

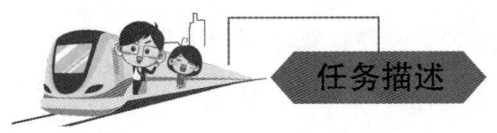

在城市轨道交通系统的车站，一般设有值班站长、值班员（行车值班员、客运值班员）、站务员（站台岗、厅巡岗、票务岗）以及安全员等岗位。

本任务我们将熟悉车站各岗位的职责。

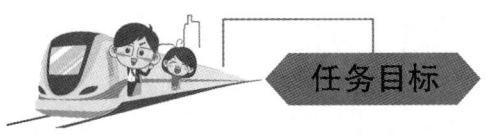

- 能模拟各岗位的工作内容；
- 能用语言阐述各岗位的工作职责。

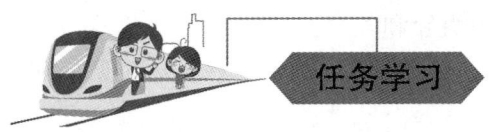

## 一、站　长

### （一）岗位描述

站长负责车站全面工作，包括行车、客运和票务管理，乘客服务，员工管理，设备管理，安全管理，突发事件处理，员工培训等。

### （二）工作内容

1. 行车、客运和票务管理

（1）在总公司领导下，认真贯彻执行党和国家的方针政策及法律、法规。

（2）根据上级下达的工作目标和相关工作要求，制订工作计划，合理安排资源，落实各项工作，完成生产任务。

（3）负责组织车站行车、客运和票务工作等，以确保车站日常运作能够顺利进行。

（4）结合本站特点，负责研究制定运营管理制度、生产实施方案措施，并组织实施。

（5）计划、检查和监督车站的行车、客运、服务、票务管理工作。

（6）根据客流量变化情况及时协调相关单位，组织车站的售票工作、引导工作以及疏散工作等。

（7）执行车站规章制度，组织站内员工开展各项工作。

（8）负责保管部分票务钥匙和门禁卡，并对值班站长、行车值班员和客运值班员保管钥匙和门禁卡数量情况在《车站票务钥匙清单》上做好记录。

（9）根据公司的工作部署制订计划，组织实施，定期总结。

（10）合理使用站区的人力、物力和财力，完成上级交办的各项临时任务或外部门须协办的其他工作。

（11）其他相关事宜。

2．乘客服务

（1）领导并监督车站的乘客服务工作，为乘客提供优质的服务。

（2）接待乘客的来访、来电，妥善处理乘客投诉、来信与各类服务纠纷。

（3）分析服务案例，总结服务经验、服务技巧，带领全站员工不断提高服务水平。

3．员工管理

（1）负责领导、监督车站各级员工的日常工作。

（2）定期开展班组建设，做好员工思想引导和教育。

（3）统筹安排并协调各岗位的工作。

（4）负责车站员工绩效考评及奖惩。

（5）有计划地管理协调车站的保洁、保安等工作，并对其提出考核意见。

4．设备管理

（1）掌握车站的设备设施运行状态，如发现故障损坏等情况应立即上报并协调维修单位及时处理。

（2）对车站服务设备设施的设置提出合理的建议。

5．安全管理

（1）全面负责车站的安全管理工作，定期进行安全教育和安全检查。

（2）负责车站车票、现金、票务备品的安全。

（3）贯彻落实车站内各安全规章制度和措施，预防各类事故的发生，以确保安全运营。

（4）定期对车站员工进行安全教育并及时总结。

（5）经常对车站进行日常安全检查，发现安全隐患时，必须及时分析并督促落实整改。

（6）在突发事件、紧急情况下负责组织车站的日常工作，以确保车站行车、客运、票务、消防、治安、人身的安全。

6．突发事件处理

（1）负责车站突发事件应急处理的组织指挥与决策，指挥员工或配合外部救援单位进行应急处理，尽快恢复正常运营。

（2）在应急处理中随时保持与上级部门及现场的通信联系。

（3）负责组织突发事件处理后的调查、分析和改进工作。

7．员工培训

（1）宣传培训工作的重要意义，不断启发员工参加培训的积极性和自觉性。

（2）根据上级的要求和本站培训需求制订车站员工培训计划，并按计划及时组织员工进行相关培训。

（3）定期对员工的培训情况进行检查、监督，总结经验。

（4）组织参加上级的培训或组织自主培训，提高员工业务技能，做好培训后评估工作。

（5）负责车站内员工思想教育和岗位业务培训，了解员工思想、工作状况。

（6）积极为员工创造学习条件，对参加培训的员工，在思想上给予支持，在时间上给予保证，在生活上给予关怀，使员工排除各方面的干扰，集中精力参加学习。

8．外联工作

（1）负责车站的综合治理工作，对岗位形象、服务质量、环境卫生保洁进行监督、检查。

（2）负责与综治小组的成员进行有效沟通。

（3）组织综治小组的人员定期参加消防检查，进行应急与紧急疏散演练。

（4）按规定对驻站人员进行安全管理与行为约束。

9．执法工作

（1）按规章制度对客伤等事件行使执法权力。

（2）负责审阅和检查执法案件，对相关文书、票据进行保管。

（三）岗位职责

（1）指导所管辖范围内的车站工作。

① 确保各车站人员提供高品质的乘客服务。

② 在处理故障或事故时,指导各车站人员根据相关的规则及程序协助处理故障或事故,并做好恢复、善后及预防的工作,保证及时、安全、高效地处理突发事故和恢复客运服务。

③ 确保与公安及政府应急抢险部门及其他公交机构保持沟通合作,以便在发生重大交通故障或事故时能及时处理。

④ 负责指导并加强车站系统的安全作业、服务质量等。

(2) 在员工管理方面,确保所管辖内车站工作的安排、指导、检查、监督、评价和考核工作能适当及公平公正地执行,减少内部冲突,保持车站团队合作精神,营造积极向上的良好工作气氛。

## 二、值班站长

### (一) 岗位描述

值班站长是在站长的领导下负责本班日常的工作,协助站长做好车站生产、日常工作及人员管理,加强班组管理和现场检查,包括行车及客运和票务管理、乘客服务、员工管理、设备管理、安全管理、突发事件处理、员工培训等工作。站长不在车站时,可授权当班值班站长管理车站日常工作。

### (二) 工作内容

1. 行车、客运和票务管理

(1) 认真贯彻执行车站相关规章、制度,组织站内员工开展各项工作。

(2) 组织车站员工根据制订的计划布置车站各项客运生产任务,定期总结。

(3) 检查和监督车站的行车、客运、服务、票务工作。

(4) 掌握列车运行情况,听从行车调度员的指挥,执行命令,监督值班员接发列车。

(5) 负责组织车站票务工作,严格执行票务规章制度,确保本班票务收益安全、运作顺畅。

(6) 经常巡站检查并指导客运各个岗位员工的工作。

(7) 根据车站实际情况安排巡站工作,并监督车站员工的工作情况。

(8) 根据客流量变化情况,引导、组织乘客有序购票乘车。

(9) 负责正确规范地填写台账及收集相关的数据。

(10) 负责文件处理,组织员工学习规章制度及新文件。

(11) 主动向站长汇报管理情况,有权向站长、客运中心提出本人的建议和意见。

（12）做好交接班组织工作。

（13）定期上报反馈信息、统计和总结资料及考勤。

（14）负责保管纸币钱箱钥匙和硬币回收箱钥匙各一把。

（15）负责当班的综合治理工作，完成上级交办的各项临时任务或外部门须协办的其他工作。

（16）其他相关事宜。

2．乘客服务

（1）接待乘客的来访来电，做好车站客运服务工作，根据服务标准妥善处理乘客投诉、来信及各类服务纠纷。

（2）处理、汇总服务案例、服务问题，并每月向站长汇报。

（3）检查、监督车站各岗位人员按服务标准进行作业，提供更优质的服务。

（4）做好对乘客的广播工作。

（5）处理特殊乘客的服务要求和询问。

3．员工管理

（1）根据上级要求和车站实际情况，按规定在班前组织召开接班会，在班后组织召开交班会。

（2）掌握车站员工出勤情况，根据运营需要合理调配各岗位人员，组织、协调各岗位的工作。

（3）掌握车站员工思想状况，对员工进行思想教育。

（4）负责监督、检查、考核车站各岗位的员工。

（5）对岗位调整、晋升有建议权。

（6）监督、检查各项工作完成情况和规章制度的落实情况。

（7）负责车站员工纪律检查，发现违章违纪行为及时指出，并做好记录。

（8）负责管理、检查保洁员、保安人员、商铺人员、施工人员、设备维修人员。

（9）每月召开一次班组会议。

4．设备管理

（1）监督车站设施设备运作情况，如发现故障、损坏等应立即上报并协调维修单位及时处理。

（2）对站内服务设施、站外导向牌、告示牌等进行巡视、管理。

5．安全管理

（1）认真落实安全管理职责，监督车站治安安全管理、消防安全工作，以确保行车、车站员工及乘客的安全。

（2）确保车站车票、现金安全以及设备运行安全。

（3）负责车站日常安全检查，每日向站长汇报生产组织设施设备的安全情况。

（4）负责监控和管理车站的施工安全和防护。

6．突发事件处理

（1）在站长领导下，组织突发、紧急情况下的车站运作。

（2）站长不在车站时，负责按应急方案及时组织、处理车站发生的各类事故。

（3）车站突发事件时，现场指挥相关员工进行事故处理，尽快恢复正常运营。

（4）处理紧急、突发情况，化解矛盾，并及时上报相关部门或单位。

7．员工培训

（1）负责组织、检查车站员工参加车站组织的岗位实操、技能培训，提高员工职业道德素质和工作技能。

（2）采用多种培训形式，不断提高员工的实际操作能力。

（3）负责填写并管理培训资料。

（4）定期总结本班培训工作，提出改进意见。

8．执法工作

（1）按规章制度对客伤等事件行使执法权力。

（2）填写相关票据，对相关文书票据进行交接。

（三）工作职责

（1）管理并监督车站内的所有活动。

① 负责管理本车站的有效列车运作及客运服务工作，确保站务人员能按要求提供安全、可靠及高效率的车站服务。

② 随时保持与中心行车调度员、电力系统调度员和站务人员的联络畅通，掌握有关行车和相关设备的情况。

③ 及时处理车站发生的行车事故，减少对乘客的影响。

④ 当车站的设施、设备发生故障或出现突发情况时，应采取有效措施保证车站的正常使用，并将故障情况通知有关单位。

（2）在员工管理方面，要协助制订站务人员的排班表，确保站务工作的安排、指导、检查、监督、评价和考核工作能公平、公正地执行，减少内部冲突，营造及维持站务室内的团队合作精神。

三、值班员

按工作职责不同，值班员岗位可以分为行车值班员和客运值班员。

## （一）行车值班员

**1. 岗位描述**

在车站值班站长的领导下，行车值班员需要严格执行作业程序，熟悉行车设备的性能，掌握操作方法，主要负责车站的行车工作、出入口的管理、监控行车设备、列车运行及乘客动态等工作。

**2. 工作内容**

（1）在值班站长的领导下开展工作，对当班站务员的工作进行安排、指导、监督。

（2）向本班组、车站、部门提出本人的建议和意见。

（3）认真贯彻执行车站相关规章、制度，完成上级布置的各项工作任务。

（4）向值班站长汇报车站设备设施运作情况和各岗位工作情况。

（5）服从行车调度员指挥，根据当日列车运行计划及行车调度员的命令，进行现场行车。

（6）负责车站文件、通知等的接收及传达工作，及时处理外部信息和报出本站信息。

（7）负责监控和操作 LOW、IBP 盘及各设备系统终端界面。

（8）负责巡视及广播工作。

（9）负责安排并完成有关票务工作。

（10）密切关注 CCTV（闭路电视监控系统），实时监视各区域的情况，如发现危及行车或人身安全的紧急情况，应及时制止，并按规定处理。

（11）及时向有关部门反馈行车工作信息。

（12）按应急信息汇报程序及时通报车站各类应急信息。

（13）协助值班站长监督、管理站务员，处理有关问题及紧急事务，为乘客提供优质服务。

（14）负责保管车站行车设备备品、部分钥匙和门禁卡，并保证其安全。

（15）负责车站有关的报修及登记工作。

（16）负责行车设备的监控、作业办理与非正常情况下的行车组织工作。

（17）负责自动售检票系统的监控、作业办理及相关数据的采集、统计。

（18）完成上级领导临时交办或外部门须协办的其他工作。

（19）其他相关事宜。

**3. 岗位职责**

（1）严格遵守并执行上级指示、命令和有关规章制度。

（2）负责与行车调度员联系，接收调度命令，统一指挥车站行车工作。

（3）负责监视车站控制台和列车运行情况。

（4）根据行车调度员的指示办理各项行车作业。

（5）指挥助理行车值班员办理交递行车凭证、显示手信号等项行车作业。

（6）按规定做好施工的管理、组织工作。

（7）发现危及行车或人身安全的紧急情况时及时制止，并按规定处理。

（8）及时反馈生产信息。

（二）客运值班员

1. 岗位描述

在值班站长的领导下，客运值班员主要负责车站客运服务管理，组织客运服务工作。包括各种票务、客运问题的处理，车票、现金的安全管理，以及相关台账资料的填写等工作。

2. 工作内容

（1）认真贯彻执行车站相关规章、制度，完成上级布置的各项工作任务。

（2）在值班站长的领导下开展工作，对当班站务员的工作进行安排、指导、监督。

（3）向本班组、车站、部门提出本人的建议和意见。

（4）负责车票、钱款（含备用金）的配发、回收及保管工作。

（5）负责统计汇总当日营收情况。

（6）负责安排并完成有关票务管理、组织及统计工作。

（7）及时向有关部门反馈客运工作信息。

（8）严格执行交接班制度，并做好记录。

（9）向值班站长汇报车站设备设施运作情况和各岗位工作情况。

（10）协助值班站长管理站务员。

（11）负责保管车站的车票、现金、票务备品、部分票务钥匙和门禁卡，并保证其安全。

（12）协助值班站长组织监督、管理站务员，处理乘客问题及紧急事务，提供优质服务。

（13）巡视车站，维护车站安全，防止意外事件发生。

（14）负责车站营收统计工作，负责各种票务收益单据的申领填写及保管。

（15）负责车站票款解行的实施和安全。

（16）完成上级领导临时交办或外部门须协办的其他工作。

（17）其他相关事宜。

3. 岗位职责

（1）执行公司有关规章制度，做到有令必行，有禁必止。

（2）在值班站长的领导下，主管车站客运管理，组织站务人员从事客运工作。

（3）负责车票的收发、回收和保管工作。

（4）负责本班组售票组织及车站营收统计工作，负责各种票务收益单据的填写及保管。

（5）负责车站收益解行的实施和安全。

（6）协助值班站长组织管理厅巡员、站台安全员、售票员，处理乘客问题，提供优质服务。

（7）监督售票员、厅巡员、站台安全员在岗行为。

（8）在非运营时间值守车站，统计汇总当日的客运量和营收情况并报客调。

（9）每班巡视车站两次，维护车站安全，防止意外事件发生。

（10）配合车站环控设备的操作。

（11）完成上级领导临时交办的其他工作。

## 四、站务员

站务员按照不同的工作内容又可以划分为3个不同的岗位：票务岗、站厅岗（厅巡）、站台岗（安全员）。

### （一）票务岗

1. 岗位描述

票务员主要负责车站的售票工作，是车站比较繁忙的工作岗位之一，其服务的效率和水平直接影响车站的服务质量。票务员工作主要包括问询、售票、兑零、充值、退票、验票、挂失、异常票务事务处理等。

2. 工作内容

（1）贯彻执行各项票务政策和管理规章，严格遵守票务纪律。

（2）严格执行票务作业标准，向乘客提供优质服务。

（3）正确使用票务设备，按规定处理客服中心的各项工作。

（4）协助处理票务紧急情况。

（5）负责车站内的票款、报表、单据及车站票务中心备品的统计、分析、保管和上报工作。

（6）发售福利票，并对坏票或其他票务工作进行处理。

（7）严格执行售票作业程序，做到"一收、二唱、三操作、四找零"，准确发售票卡。

（8）发现问题或对乘客提出的问题，按规定妥善处理并及时汇报。

（9）及时向有关部门反馈工作信息。

（10）加强防范，确保票款安全。

（11）严格执行交接班制度，并做好记录。

（12）完成上级领导临时交办或外部门须协办的其他工作。

（13）其他相关事宜。

3. 岗位职责

（1）负责在客服中心售票，处理坏票，补票，保证票款的正确和安全。

（2）帮助乘客换取福利票，及时处理乘客的无效票。

（3）帮助乘客兑换零钱，处理乘客投诉和乘客问询工作。

（4）票务员应根据各个地铁的规章制度为乘客提供优质服务。

（二）站厅岗（厅巡）

1. 岗位描述

站厅是车站的门面，随着客流量的日益增大以及乘客文化水平的层次差异，厅巡的工作难度增大。如何提高服务质量，提升服务水平，已成为每个厅巡岗位工作人员努力的方向。厅巡主要负责乘客票务处理、秩序的维护、问询、巡查等工作。

2. 工作内容

（1）贯彻执行各项政策和管理规章，严格遵守岗位纪律

（2）严格执行厅巡作业标准，向乘客提供优质服务。

（3）引导乘客正确操作票务设备，按规定处理站厅的各项工作问题。

（4）协助处理紧急情况。

（5）注意站厅付费区、非付费区乘客的动态，发现有违反规定行为的应及时劝止。

（6）保证设备设施正常运行，并做好记录。

（7）及时、主动地为需要帮助的乘客提供服务，特别注意重点乘客，解决乘客的问题。

（8）负责及时更换钱箱、票盒，清点钱箱。

（9）引导乘客正确购票和进出自动检票机。

（10）检查乘客车票的有效性，及时回收乘客遗留车票。

（11）认真执行巡视工作，在巡视中发现设备故障或其他异常情况要及时报告，填写巡视台账。

（12）负责站厅出入口的客流组织工作，及时疏导乘客，防止乘客过分拥挤，及时汇报客流变化情况。

（13）负责站厅的安全工作。

（14）及时向有关部门反馈工作信息。

（15）负责站厅员工通道门的管理，对通过通道门进出的人员进行严格登记。

（16）严格执行交接班制度，并做好记录。

（17）完成上级领导临时交办或外部门须协办的其他工作。

（18）其他相关事宜。

3. 岗位职责

（1）发现乘客携带超长、超大、超重物品时，应禁止其进站，并做好相应的解释工作。

（2）发现精神不正常乘客应该禁止其进站乘车，并及时汇报车站控制室。必要时请警务人员或同事协助，保护自身安全。

（3）负责保证重点旅客（年老体弱者、小孩、残疾人、携大件物品乘客等）的安全。

（4）负责巡查站厅、出入口，保证设施设备的正常运行，并做好相关巡查记录。发现安全隐患时应及时报修，发现有故意损坏地铁设备的应及时制止，并上报车站控制室。

（5）留意地面卫生，发现积水、垃圾、杂物等应及时通知保洁人员处理，同时设置警示牌，防止乘客摔倒。

（6）站厅、出入口发生治安安全事件时，应及时赶到并保护现场，寻找两名及以上目击证人。

（7）负责站厅、出入口的客流组织工作，防止乘客过分拥挤，必要时采取相应的限流措施。

（8）负责更换钱箱、票箱，引导不能正常进出闸机的乘客到客服中心办理。

（9）关注乘客动态，如发现违反地铁规定（乘客守则）的行为应及时制止。

（三）站台岗（安全员）

1. 岗位描述

站台是车站的重要组成部分，在早晚客流高峰期，站台秩序容易混乱，有可能引发安全事故，工作人员与乘客之间也容易发生纠纷，其服务水平直接影响车站的服务质量。安全员主要负责监控站台乘客乘降情况，监控列车运行情况，播放或人工进行站台广播，解答乘客疑问，对乘客安全秩序进行维护、问询等工作。

39

2. 工作内容

（1）贯彻执行各项政策和管理规章，严格遵守岗位纪律。

（2）严格执行站台作业标准，向乘客提供优质服务。

（3）监视列车运行状态及候车乘客的动态，以确保列车正常运行和乘客的人身安全。

（4）负责维护站台乘客的秩序，组织乘客有序乘降，如发现乘客有违规行为，应及时制止，并做好解释工作。

（5）及时、主动地为需要帮助的乘客提供服务，特别注意重点乘客，解决乘客的问题。

（6）监控车门及安全门的开关情况，发现故障等异常情况及时采取措施，能够简单处理车门、安全门故障。

（7）负责站台、自动扶梯的客流组织（客流高峰时限流）工作，必要时采取相应措施。

（8）清客完毕，需要向司机显示"好了"的信号。

（9）维护列车服务设施设备，如复位乘客报警器。

（10）巡视整个站台，发现问题及时采取相应处理措施。

（11）遇有车站发生伤亡事故，应及时向有关部门汇报，保护现场，疏导乘客，并协助公安人员进行处理。

（12）及时向有关部门反馈工作信息。

（13）严格执行交接班制度，并做好记录。

（14）完成上级领导临时交办或外部门须协办的其他工作。

（15）其他相关事宜。

3. 岗位职责

（1）清客完毕，需要向司机显示"好了"的信号。

（2）巡查站台，若发现问题，应及时采取相应的处理措施。

（3）维持列车服务，如复位乘客报警器。

（4）简单处理车门、屏蔽门故障，协助值班站长进行事故处理。

（5）负责站台、自动扶梯的客流组织（客流高峰时限流）工作，必要时采取相应措施。

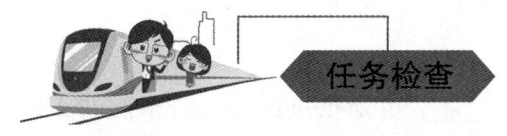

表 2-2　城市轨道交通车站各岗位职责认知——任务检查单

| 任务编号 | 2-2 | 任务名称 | 城市轨道交通车站各岗位职责认知 | | |
|---|---|---|---|---|---|
| 序号 | 检查内容 | | | 是 | 否 |
| 模拟各岗位工作 | | | | | |
| 1 | 分组扮演不同岗位角色，模拟其岗位工作 | | | | |
| 2 | 总结工作内容 | | | | |
| 阐述各岗位工作职责 | | | | | |
| 3 | 根据工作内容明确工作职责 | | | | |
| 4 | 阐述所在岗位工作职责 | | | | |

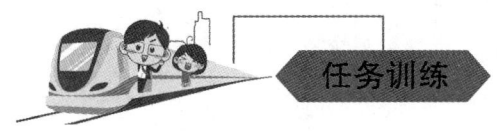

## 一、选择题

1. 站长应按规定统一着装，佩戴服务标识不包括（　　）。
   A. 领带　　　　　B. 领花　　　　　C. 工号牌　　　　　D. 记录笔
2. （　　）负责文件处理，组织员工学习规章制度及新文件。
   A. 站长　　　　　B. 值班站长　　　　C. 站务员　　　　D. 调度员
3. （　　）负责监控和操作 LOW、IBP 盘及各设备系统终端界面。
   A. 站长　　　　　　　　　　　B. 值班站长
   C. 站务员　　　　　　　　　　D. 调度员
4. 车站（　　）是城市轨道交通系统中直接面对乘客服务的人员。
   A. 站长　　　　　　　　　　　B. 值班站长
   C. 站务员　　　　　　　　　　D. 调度员
5. （　　）主要负责监控站台乘客乘降情况，播放或人工进行站台广播，解答乘客疑问。
   A. 站长　　　　　　　　　　　B. 值班站长
   C. 票务员　　　　　　　　　　D. 安全员

## 二、填空题

1. 站长负责保管部分_____和_____，并对值班站长、行车值班员和客运值班员保管钥匙和门禁卡数量情况在_____上做好记录。
2. 售检票员的岗位职责中要严格执行_____、_____、_____、_____的作业程序。
3. 票务员需做到"_____、_____、_____、_____"。
4. 厅巡主要负责乘客_____、_____等工作。
5. 安全员在清客完毕后，需要向司机显示_____的信号。

## 三、判断题

（　　）1. 各岗位执行首问责任制，严禁对乘客说推诿的话语。
（　　）2. 每天召开一次班组会议。
（　　）3. 票务员在岗位交接或暂时离岗应在窗口放置"暂停"牌。
（　　）4. 发现携带违反城市轨道交通管理条例物品的乘客，要及时驱逐出站。
（　　）5. 站台安全员接、送列车时，必须呈立正姿势，遵循"一迎、二接、三送"原则。

任务拓展

归纳总结车站各岗位所需具备的岗位技能，制作PPT并进行讲解。

## 任务三　车站各岗位作业流程认知

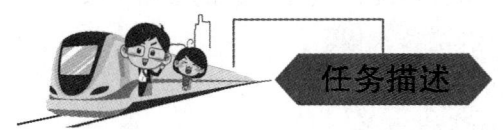

城市轨道交通车站各岗位工作职责体现在作业流程上,各岗位工作人员应严格按照规定流程作业,才能有条不紊地做好客运组织工作。

本任务我们将熟悉车站各岗位的工作流程。

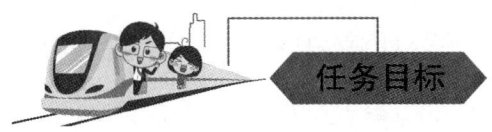

- 能模拟各岗位作业流程;
- 能用图表表达简要作业流程。

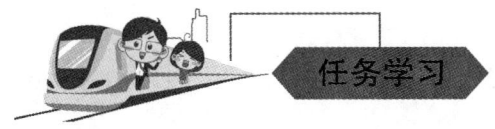

### 一、值班站长

值班站长的工作分为早班和晚班,早班值班站长主要负责车站的乘客服务工作和巡视工作;晚班值班站长除了负责部分乘客服务工作和巡视工作外,还要完成施工作业及运营前的行车准备工作。

1. 早班值班站长作业流程

(1)签到,召开交接班会议,按照岗位分工,布置本班相关工作。

(2)与晚班值班站长进行交接,确保掌握上一班运营情况。

（3）检查本班票务工作，审核本班报表。

（4）检查车控室行车备品柜备品情况。

（5）检查各种台账记录及施工管理情况。

（6）检查指导各岗位安全、行车、票务、乘客的服务工作，及时帮助各岗位完成工作任务。

（7）定期巡视各出入口、站厅、商铺、站台情况，做好考勤记录和考核工作。

（8）查看自动售检票系统运作情况，再看票务录像。

（9）发现车站设备设施故障及时报修，并登记。

（10）检查客服中心工作情况，处理站厅乘客事务。

（11）根据现场需要进行顶岗。

（12）到点钞室检查售票员结账及客运值班员配票情况。

（13）监控列车运行情况。

（14）检查客运值班员对TVM（自动售票机）进行补币补票情况。

（15）向行车值班员交代好日班施工及夜班施工的注意事项。

（16）督促保洁员做好站台、站厅、出入口等卫生工作。

（17）填写相关台账及巡站记录，检查车控室行车备品柜备品，做好交班准备。

（18）签退。

2. 晚班值班站长作业流程

（1）签到，召开交接班会议，按照岗位分工，布置本班相关工作。

（2）与早班值班站长进行交接，确保掌握上一班运营情况。

（3）检查本班票务工作，审核本班报表。

（4）检查车控室行车备品柜备品情况。

（5）检查各种台账记录及施工管理情况。

（6）检查指导各岗位安全、行车、票务、乘客的服务工作，及时帮助各岗位完成任务。

（7）定期巡视各出入口、站厅、商铺、站台情况，做好考勤记录和考核工作。

（8）完成晚间施工作业的办理，给夜班行车值班员布置当晚的施工重点和注意事项。

（9）根据行车值班员通知，核对施工登记和作业令，安排防护设置、撤除、销点协助、护送过程监控、设备恢复、现场出清等工作。

（10）检查客服中心工作情况，处理站厅乘客事务。

（11）根据现场需要进行顶岗。

（12）做好尾班车客运服务工作，组织关站，并填写相关台账资料。

（13）巡视车站出入口关闭情况。

（14）回收保管售票员的客服中心钥匙，做好记录。

（15）检查当天的执法证、执法文书等相关记录。

（16）对保洁卫生完成情况进行检查。

（17）审核当天报表，打扫车控室、站长室卫生。

（18）做好运营前的行车准备工作。

（19）安排开站及早班员工上岗。

（20）与客运值班员视需要进行补币、补票工作。

（21）巡视出入口、车站的卫生、设备状态。

（22）填写相关台账及巡站记录，检查车控室行车备品柜备品，做好交班准备。

（23）签退。

## 二、值班员

### （一）行车值班员

1. 早班行车值班员作业流程

（1）签到，与晚班行车值班员交接。

（2）检查所有钥匙、行车备品柜内物品、车控室内设备填写交接台账，了解上一班工作情况、相关重要文件、通知以及本班须完成工作。

（3）查阅上一班的《施工请销点情况控制表》《车站运营前检查工作流程表》等，了解清楚上一班的情况。

（4）接班后必须立即登录调度命令发布系统、信号设备。

（5）正常情况下监控 LOW、各设备系统终端界面 IBP 盘，通过 CCTV（闭路电视监控系统）监视各区域情况。

（6）监控各岗位工作情况，监控信号设备运行情况。

（7）定期查看 FAS、主控系统（或 EMCS）、AFC 等系统设备运行状态。

（8）密切监视 CCTV（闭路电视监控系统），列车进出车站时监视列车运行状态、乘客上下车情况及站台工作人员情况。

（9）全面负责车站行车组织、车站广播播放、文件收发工作。

（10）负责传达、处理信息。

（11）安排人员收发文件，传达重要文件信息。

（12）掌握车站各岗位人员动态、客流情况、站外天气情况等，将变动信息及时报告值班站长，合理安排各岗位工作。

（13）发生突发事件时，第一时间报告行车调度员和值班站长，并按指示处理。

（14）做好交接前的准备工作，把需要下一班完成的工作交接清楚。

（15）签退。

2. 晚班行车值班员作业流程

（1）签到，与早班行车值班员进行交接。

（2）检查备品及设备，填写交接台账，了解上一班工作情况、相关重要文件通知以及本班须完成工作。

（3）正常情况下监控 LOW、各设备系统终端界面、IBP 盘，通过 CCTV 监视各个区域情况。

（4）监控各岗位工作情况，监控信号设备运行情况。

（5）定期查看 FAS、主控系统（或 EMCS）、AFC 等系统设备的运行状态。

（6）列车进出车站时监视列车运行状态、乘客上下车情况及站台工作人员情况。

（7）全面负责车站行车组织、车站广播播放、文件收发工作。

（8）负责传达、处理信息。

（9）安排人员收发文件，传达重要文件信息。

（10）掌握车站各岗位人员动态、客流情况、站外天气情况等，将变动信息及时报告值班站长，合理安排好各岗位工作。

（11）做好末班车客运服务以及运营结束后的巡视工作。

（12）做好交接前的准备工作。

（13）签退。

（二）客运值班员

1. 早班客运值班员作业流程

（1）签到，与夜班值班员当面交接，检查点钞室票务备品、票务钥匙。

（2）检查夜班台账填写情况。

（3）根据交接班本、票务系统检查票款、备用金及库存车票情况。

（4）翻阅新票务通知，掌握本班工作重点。

（5）检查点钞室、客服中心卫生。

（6）准时填写车站票务报表、车票申报计划，并审核。

（7）及时交报表，更换钱箱和票箱，清点钱箱，结账，按时完成解行。

（8）到站台交报表，检查客服中心工作情况，处理站厅乘客事务，开展票务业务抽问。

（9）巡视全站，检查早班客服中心交接情况，处理站厅乘客事务，配合 AFC 人员维修。

（10）与早班售票员结账。

（11）与值站共同打包票款。

（12）安排站务员更换票箱。

（13）处理乘客事务，检查客服中心。

（14）协助值班站长处理车站票务事务。

（15）整理点钞室内务。

（16）交接尾箱。

（17）与顶岗班结账。

（18）巡视全站，处理乘客事务。

（19）根据运作需要更换、清点钱箱。

（20）整理所有现金、车票、备品，准备交接。

（21）与晚班值班员交接。

（22）签退。

2. 晚班客运值班员作业流程

（1）签到。

（2）巡站，处理乘客事务。

（3）与早班值班员当面交接，检查点钞室票务备品、票务钥匙。

（4）检查台账。

（5）根据交接班本、票务系统检查票款、备用金、库存车票。

（6）翻阅新票务通知，掌握本班工作重点。

（7）根据运作需要更换、清点钱箱。

（8）与中班售票员结账。

（9）完成当日报表及账册，与值班站长清点补币备用金。

（10）根据运作需要给TVM补币、补票。

（11）给早班配票。

（12）巡视全站，处理乘客事务。

（13）末班车开出前5分钟关闭TVM和进站自动检票机。

（14）检查客服中心电器、电源、卫生及有无遗漏的车票现金。

（15）与早班值班员交接。

（16）签退。

## 三、站务员

1. 票务员作业流程

（1）班前：

① 首班车到达以前，按规定着装，学习重要文件，听取值班站长安排。

② 领取现金备用金、票卡、钥匙、对讲设备等。

③ 检查AFC设备、备品备件及对讲设备情况，做好售票准备。

（2）班中：

① 严格按照售票作业程序售票，如果乘客使用大面值的纸币购票应提醒乘客当面点清票款。

② 帮助乘客充值时提醒乘客查看显示器金额，让乘客确认。

③ 当班过程中需保持客服中心的整洁，票证报表、钱袋摆放整齐。

④ 当硬币、车票、发票数量不够时，向车站控制室报告。

⑤ 售票结束后，票务员进行设施设备的交接，将本班的报表、车票、所有现金收拾好，拿回票务室。

⑥ 整理钱、票，带回票务室结算。

⑦ 班中如果需要替换岗位时，要做好票务钥匙、票务设备、对讲设备的交接工作。

注意：不能让非当班人员随意进出。（非当班人员需有高一级人员的授权方可进入。）

（3）交班：

① 退出 BOM 机，将抽屉里的钱和车票整理放入票盒。

② 将硬币清理好装回硬币袋。

③ 拿走本班的钱袋，尽快回票务室结账。

2. 站厅岗和站台安全员作业流程

（1）班前：

① 签到，阅读文件，接受上级交代工作及了解注意事项。

② 领取相关的对讲机设备和钥匙。

③ 巡视车站及其设备。

④ 带齐工作备品，准时到岗，配合值班站长做好车站开启工作。

（2）班中：

① 站台安全员。

a. 列车进站时，站台安全员需站在紧急停车按钮旁边，以便发生事故时及时按下，保证乘客安全。工作时间内要求站立姿势，不得坐在灭火器或站台座椅上。

b. 当列车进站时，提醒乘客不要拥挤，不要手扶车门，注意列车和屏蔽们之间的空隙。

② 站厅岗。

a. 引导乘客使用自助售检票设备。

b. 运营时间内巡查车站设备，并做好相关记录。

c. 回收闸机的票卡，补充 TVM 机的票卡及找零钱箱。

d. 发生紧急情况时，第一时间报告车站控制室。

e. 在上下行末班车到站前××分钟，在 TVM 机的每组闸机前应摆放告示牌停止售票。

（3）班后：

① 末班车开出后，清理站台，确认车站没有滞留乘客、无异常情况后汇报。

② 协助关闭车站的相关设备。

③ 配合值班站长做好车站关闭工作，将相关钥匙和对讲设备交还给车站控制室。

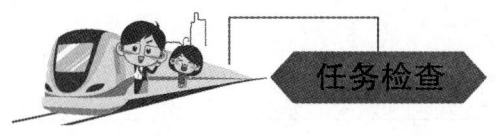

表 2-3 城市轨道交通车站各岗位作业流程认知——任务检查单

| 任务编号 | 2-3 | 任务名称 | 城市轨道交通车站各岗位作业流程认知 | | |
|---|---|---|---|---|---|
| 序号 | 检查内容 | | | 是 | 否 |
| | 模拟各岗位作业流程 | | | | |
| 1 | 分组扮演不同岗位角色,模拟其作业流程 | | | | |
| 2 | 简要阐述所在岗位作业流程 | | | | |
| | 用图表表达简要作业流程 | | | | |
| 3 | 绘制图表,表达简要作业流程 | | | | |
| 4 | 图表讲解 | | | | |

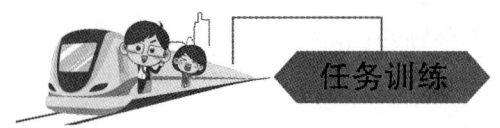

一、选择题

1. 售票员工作内容包括（　　）等。
   A. 按规定处理客服中心的各项工作　　B. 完成票务报表的填写
   C. 按规定处理与乘客相关的票务事宜　　D. 完成上级布置的其他票务工作
   E. 核定备用金额
2. 一般来说,轨道交通系统的售票方式有（　　）。
   A. 完全的人工售票方式　　B. 半自动售票方式
   C. 自动售票　　D. 系统外售票
   E. 一部分单程票
3. 行车值班员晚班在末班车出行前（　　）关闭 TVM 和进站自动售检票机。
   A. 5 min　　B. 10 min　　C. 3 min　　D. 15 min
4. 票务员的主要工作有问询、售票、兑零、充值、退票、验票、挂失和（　　）。
   A. 维修 AG　　B. 巡视
   C. 异常票处理　　D. 以上都不是
5. 安全员巡视的主要范围有（　　）。
   A. 设备区　　B. 站台　　C. 风亭　　D. 出入口

## 二、填空题

1. 值班站长交接班会议内容主要有_____、_____和_____。
2. 早班行车值班员须检查_____、_____和_____，填写_____。
3. 客运值班员根据_____、_____检查票款、_____及_____情况。
4. 票务员兼任厅巡岗时，5 min 没有业务需要处理时，须到站厅执行_____职责。
5. 安全员巡视的同时，引导好站台乘客上下车秩序，指引乘客按_____排队候车。

## 三、判断题

（　　）1. 接班时，对模糊、有疑点的问题要问清楚。
（　　）2. 在任何情况下，车站信息汇报必须逐级汇报。
（　　）3. 值班站长通过 IBP 盘开关屏蔽门进行测试。
（　　）4. 票务员交班时，不需要回票务室结帐。
（　　）5. 行车值班员在运营前须与行车调度员核对运营时刻表与时间。

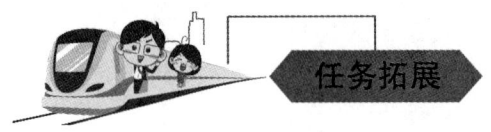

**任务拓展**

根据车站各岗位工作职责和作业流程，分析各岗位重要工作点，制作 PPT 并进行讲解。

# 项目三

# 城市轨道交通车站运作管理

## 任务一 车站日常运作管理

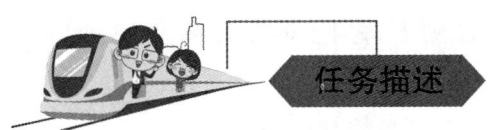

城市轨道交通车站是车站人员开展日常工作的场所,其日常运作包括车站开启、车站巡查、车站关闭、车站安检等。

本任务我们将熟悉车站的日常运作。

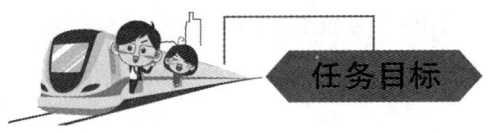

- 熟悉生产管理相关制度(排班规定、交接班制度、巡视制度、信息上报制度等);
- 能模拟开展车站开启、关闭作业;
- 能模拟开展车站巡查作业。

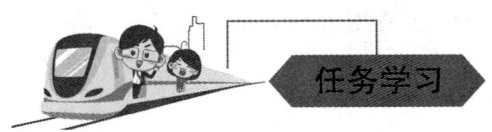

地铁车站是供旅客乘降、换乘和候车的场所,应保证乘客乘坐方便,安全、迅速

地进出车站。因此，地铁车站的日常运作与管理，对于地铁的正常运营有着重要意义。车站日常运作必须严格按照规章制度进行，主要工作包括车站开启、车站关闭和车站巡查。

## 一、车站制度

1. 基础管理制度

（1）排班规定：

① 车站应根据实际工作需要以及定岗要求，紧凑、合理、科学地排班，确保精简、高效地完成各项生产任务。

② 排班要以乘客服务优先为原则。

③ 排班要严格遵守有关劳动法律法规，严格执行共同排班与考勤相关规定。

④ 车站排班应均分、合理，员工排班原则上每周工时不能超过 48 小时，且不低于 32 小时。

⑤ 按各站核定的定员定岗标准执行，不能擅自增加或减少岗位。

⑥ 排班要根据员工业务情况及新老情况进行搭配。

⑦ 特殊情况下，如遇临时改变行车计划、大客流等情况，应及时上报、及时调整。

（2）文明办公规定：

① 车站员工上班应按规定穿着制服，佩戴标志牌，妆容端庄、大方。

② 办公用具要按规定摆放，做到整齐、干净、方便使用。

③ 工作联系应恭谦合作，待人接物应热情有礼，使用普通话，接听电话使用规范用语。

④ 上班时间不得阅读报纸及与专业无关的书刊，不得使用任何通信工具闲聊、拨打各种信息台。

⑤ 车站员工除值班站长及以上人员外不得携带手机上岗，值班站长需在手机上输入行调和站长电话，手机在紧急情况下方可使用。

⑥ 不得离岗和无事串岗，如确需暂时离开工作岗位，须经当班值班站长同意。

⑦ 爱护公共财物，认真遵守生产和办公设备使用管理规定。

⑧ 用水、用电要安全、节约。

（3）会议制度：

① 车站运作过程中根据工作需要定期召开会议（如中班会、早班会、员工大会等）时，参加会议人员需遵守会议纪律。

② 应严格按照会议通知要求参加会议，不得无故缺席、迟到、早退或委托他人代签名。如因特殊情况不能按时参加，需提前请假。

③ 参会人员需提前进入会场，按规定签名报到，会议组织者要及时统计参会人员到会情况（缺席人员、按通知要求参会的人员等）。

④ 参会人员要严格遵守会场纪律。可携带通信工具的人员，须将通信工具设置为振动或静音。

⑤ 开会期间要集中精力做好记录，严禁在会场内接听电话、随意走动或交头接耳。参会人员如无特殊情况不得擅自离开会场，不得在会场外逗留和闲聊。

2. 交接班制度

（1）清楚明了、重点突出，尽可能做到接班人员能通过《值班人员登记本》清楚了解上一班工作情况。重要事项不得遗漏，并交接清楚；一般事务则简明扼要。

（2）交接完毕，交接双方签认后出现因交接不清而产生的问题时由接班人员负责。

（3）班中会议内容：

① 根据本日运营计划及设备维修施工计划等布置本班工作预想。

② 根据车站客流和设备状况做好防范措施。

③ 传达学习上级有关文件及指示精神。

④ 培训或演练工作及落实其他相关要求。

3. 巡视制度

车站工作人员均需做好日常巡视工作，做到认真、细致、周全、真实、及时、正确地填写巡视台账，发现问题及时跟进。

巡视范围：

（1）中心站管理人员：

车站所有管理范围内，车站应巡视的地方。

（2）值班站长：

设备区通道、管理用房、站厅、站台、出入口、客服中心。

（3）客运值班员：

客服中心、站厅（无站厅巡视岗的车站客运值班员还需巡视出入口）。

（4）站厅巡视岗：

站厅、出入口。

（5）站台岗：

站台。

4. 信息上报制度

（1）汇报信息须准确、真实、及时。

（2）对于一般信息应逐级上报，对紧急、特殊信息可在部门内越级汇报。

## 二、车站日常运作

### （一）车站开启

（1）车站开启前，值班站长必须确保：

① 所有站台端门/屏蔽门已完全关闭和妥善锁定，并经手控开关（端门后方）试验。

② 所有消防设备的性能良好并妥善固定。

③ 送电前接触轨下及附近没有杂物，接地装置已放回原位。

④ 车站公共区不存在安全隐患。

⑤ 各项设备功能正常。

（2）车站开启的主要流程。

值班站长在开站前安排人员应完成以下工作：

① 首班车到站前××分钟：

a. 按规定试验道岔，开启车站前巡视。

b. 试验开关安全门。

c. 检查站台和线路出清情况，确保所有工程领域或影响车站运营的工作都已撤销，所有物品及人员都已撤离轨道，并汇报行车调度员。

② 首班载客列车到站前××分钟：

a. 开启车站环控（BAS）系统，并检查其运行情况。

b. 确认已完成对TVM机的补币、补票。

c. 领取票卡和备用金。

d. 确认各岗位人员到岗。

③ 首班车到站前××分钟：

a. 开启照明；

b. 开启AFC设备；

c. 全站巡视完毕；

d. 开启出入口大门、扶梯；

e. 向乘客广播候车的注意事项。

（3）开启车站入口注意事项：

① 一般情况下，车站出入口必须在首班载客列车到达车站前 10 分钟开放。

② 需要时，可提前开启车站出入口，方便乘客购票。开门前要做好一切运营准备。车站和车站出入口必须在运营时间内开放，下列情况除外：

a. 实施车站管制而有必要暂时关闭车站和车站出入口。

b. 发生紧急情况。

c. 获得运营经理授权的情况下（必须通知行车调度员）。

2. 车站关闭

（1）末班车开车前，值班站长必须确保：

① 换乘站的列车接驳按编定的安排进行，但获行车调度员特别指示的情况除外。

② 车站内搭乘有关行车线列车的乘客已登上该末班车。

③ 列车司机收到"一切妥当"的手信号。

④ 所有人员必须离开车站范围，获授权留下的人员则不在此限。

⑤ 确定个别人员是否获授权在非行车时间内留在车站，必须向行车调度员查询。

⑥ 锁上所有出入口前，值班站长必须确保最后一名乘客已离开车站。

⑦ 末班车离站后，必须关闭和锁上所有车站的出入口，防止闲杂人进入。

⑧ 所有出入口必须在整段非行车时间内关闭。

⑨ 有关员工或获授权的工作队必须从指定的出入口进入车站。

⑩ 不允许非所属站区非当班员工在车站留宿。

（2）车站关闭程序：

① 末班车到达前××分钟，值班站长应播放末班车广播，检查站厅、站台等岗位情况；站务员应在进站闸机前摆放停止服务告示牌。

② 末班车到达前××分钟，值班员应播放停止售票广播，关闭 TVM 机，并通知停止售票和进站检票工作。值班站长应确认所有 TVM 机、入闸机已关闭，停止售票广播。

③ 末班车开出前，值班站长和站务人员应进行检查，确认站台乘客均已上车，向司机展示末班车手信号。

④ 末班车开出后，客服中心站务员应收拾票、钱，整理客服中心备品，注销 BOM 机，回票务室结账。

⑤ 车站督导员应与客服中心站务员结账。

⑥ 运营结束后，值班站长应清站，确认出入口已关闭，扶梯、照明、AFC 设备全部关闭。

### 3. 车站巡查

车站巡查时，需要定期巡查车站所有公共区，主要包括站台（地面、相关设备、乘客是否在安全线以内候车等）、通道（地面、相关设备以及有无乘客在通道内滞留等）、扶手电梯（携带大件行李的乘客、行动不便的老年人等）、自动人行道。

1. 客　流

（1）随时关注客流情况，避免因人多拥挤而造成的危险。

（2）迅速移去任何阻碍客流的障碍物。

（3）做好发生紧急情况时疏散乘客的准备，如广播、通告、应急方案等。

2. 消除隐患

（1）及时清理地面积水、液体、泥泞或其他污渍。

（2）遇雨雪天气时，及时铺设防滑用品及清扫出入口外积雪。

（3）避免在湿滑砖面和金属踏板上撒沙粒。

（4）当隐患不能彻底消除时，设置适当的防护警示标识。

（5）在接触轨停电后，方可允许进入轨道区域。除非车站员工获授权处理紧急事宜，但必须穿好绝缘鞋做好自身防护。

3. 乘客管理

（1）防止儿童在车站范围内嬉戏。

（2）防止乘客携带任何危险品、攻击性物品或有害物品进入地铁范围。

（3）防止乘客运送可能会导致意外、滋扰其他乘客或损坏地铁公共财物的物品。

（4）要求携带笨重物品或行李以及使用轮椅的乘客使用垂直电梯，切勿使用扶手电梯，以免造成危险。

4. 电扶梯及自动人行道

有关员工在停止电扶梯或自动人行道前，必须确保梯级和踏板上均没有人，紧急情况除外。

5. 站　台

（1）维持站台舒适安全的候车环境。

（2）在特殊情况下协助列车进行事件处理。

（3）确保站台设备正常，发生故障及时报修。

（4）对任何非正常的情况保持警觉，如突发事件、安全门故障等。

（5）确保岗位上不得代人存放物品。

（6）提供适当协助，确保列车按运行时刻表时间离站。

（7）确保车门和屏蔽门在即将关上时，劝阻乘客切勿抢上，冲击安全门。

（8）提高警惕，留意发生任何事故或异常情况。

### 6. 特别注意

（1）站台边缘或列车附近是否存在任何隐患，如乘客扒屏蔽门，在站台边缘、站台安全门上或附近摆放物品。

（2）留意车门、屏蔽门的关闭情况，特别注意是否有乘客可能被门夹住。

（3）一旦出现异常情况，及时按动紧急停车按钮。

### 7. 车站房间

（1）有关员工必须经常巡查其可进入的房间。

（2）已关闭所有不需要的照明。

（3）房间清洁，没有垃圾。

（4）无其他异常情况。

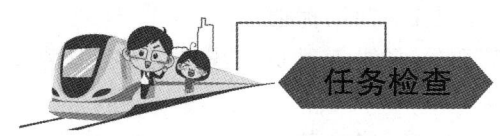

表 3-1　车站日常运作管理——任务检查单

| 任务编号 | 3-1 | 任务名称 | 车站日常运作管理 | | |
|---|---|---|---|---|---|
| 序号 | 检查内容 | | | 是 | 否 |
| | 熟悉生产管理相关制度 | | | | |
| 1 | 复诵基础管理制度（排班规定、文明办公规定、会议制度） | | | | |
| 2 | 复诵交接班制度、巡视制度 | | | | |
| 3 | 复诵信息上报制度 | | | | |
| | 模拟车站开启、关闭作业 | | | | |
| 3 | 模拟车站开启作业 | | | | |
| 4 | 模拟车站关闭作业 | | | | |
| | 模拟车站巡查作业 | | | | |
| 5 | 模拟车站巡查作业 | | | | |

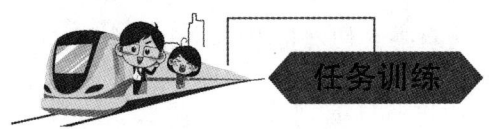# 任务训练

## 一、选择题

1. 司机在正线交接班时，应提前（　　）至有关地点出勤，出勤方式按部门制定的相应规定执行。

  A. 5 min    B. 10 min    C. 15 min    D. 20 min

2. 车站排班应均匀、合理，员工排班原则上每周工时不能超过（　　）。

  A. 60 h    B. 48 h    C. 30 h    D. 25 h

3. 运营结束后，执行车站（　　）模式。

  A. 正常模式        B. 节电照明模式

  C. 紧急模式        D. 无客模式

4. 交接班时重要事项不得遗漏，并交接清楚，一般事务则（　　）。

  A. 不记录        B. 不交接

  C. 一语概括        D. 简明扼要

5. 在接触轨停电后，方可允许进入轨道区域，除非车站员工获授权处理紧急事宜，但必须穿好（　　），做好自身防护。

  A. 工作服    B. 领带    C. 绝缘鞋    D. 手套

## 二、填空题

1. 在特殊情况下，如遇临时改变行车计划、大客流等情况，应及时_____，及时_____。
2. 所有站台端门/屏蔽门已完全关闭和妥善锁定，并经_____试验。
3. 当隐患不能彻底消除时，设置适当的_____。
4. 锁上所有出入口前，值班站长必须确保_____。
5. 汇报信息须_____、_____、_____。

## 三、判断题

（　　）1. 车站所有报表的保管年限为 2 年。

（　　）2. 车站员工除值班站长及以上人员外可以携带手机上岗。

（　　）3. 应及时清理地面积水、液体、泥泞或其他污渍。

（　　）4. 有关员工在停止电扶梯或自动人行道前，必须确保梯级和踏板上均没有人，紧急情况下除外。

（　　）5. 首班载客列车到站前 30 min 开启闸机。

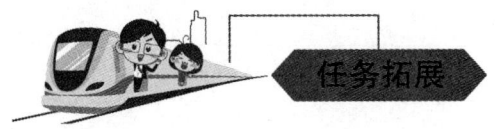

制作一段视频,实地演示某轨道车站开启作业流程、关闭作业流程、巡查作业流程。

# 任务二 车站行车组织

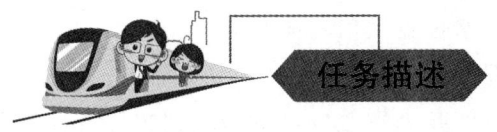

车站日常行车组织作为车站日常工作重点之一,其目标是确保运输安全、合理运用技术设备、及时迅速地调移车辆、按列车编组计划编组列车、按列车运行图接发列车、质量良好地完成运输任务。

本任务我们将熟悉车站行车组织工作。

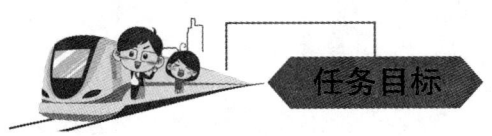

- 熟悉行车工作相关制度;
- 能阐述行车工作的基本要求;
- 能模拟开展接发列车工作。

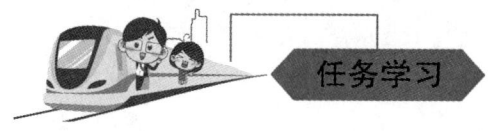

## 一、行车工作制度

为了保证地铁列车运行安全、正点，在集中调度、统一指挥的原则下，行车组织需由规章制度来规范。要保证车站良好的行车作业秩序，必须建立和健全各项行车工作制度，做到行车作业制度化、程序化、标准化。车站行车工作制度主要有行车值班员岗位责任制与行车作业联系制度、交接班制度、施工及检修登记制度、道岔擦拭制度、巡视检查制度和行车事故处理制度等。

1. 行车值班员岗位责任制与行车作业联系制度

行车值班员要执行行车调度员的命令与上级领导的指示，统一指挥车站内的站务人员进行作业，联系各种行车相关事宜。车站根据行车工作的需要又设置有内勤行车值班员和外勤行车值班员，两者分工明确，各司其职。

内勤行车值班员的职责：

（1）执行列车调度员的命令和指示。

（2）监视控制台上的进路开通方向、道岔位置及信号显示。

（3）注意列车运行状态及乘客乘降情况。

（4）在非调度集中控制时，按列车运行图及列车调度员下达的列车运行计划办理闭塞、布置进路、开放信号、组织行车。

（5）填写行车凭证和其他各种行车报表。

（6）签认各项施工登记及设备维修登记。

（7）组织交接班工作。

外勤行车值班员的职责：

（1）接送列车，监护列车运行。

（2）递交调度命令及行车凭证。

（3）进行站线巡视。

（4）负责现场调车等行车工作。

（5）协助搞好乘客乘降等组织工作。

2. 交接班制度

（1）行车值班员交班时，应将列车运行和设备状态、上级指示和命令的完成情况等填记在《交接班登记簿》上，并口头向接班行车值班员交代清楚。

（2）行车值班员接班时，要了解列车运行情况，对行车设备、备品、报表进行检查后，签认接班。

（3）内、外勤行车值班员实行对口交接。

3. 施工及检修登记制度

（1）各种施工及检修工作，行车值班员应根据施工计划，向施工负责人交代有关注意事项后，方可登记。

（2）凡影响行车的临时设备抢修，行车值班员要在与列车调度员联系作业时间获得同意后，方可登记。

（3）施工及检修工作结束后，行车设备经试验，确认技术状态良好，方可签认注销。

4. 道岔擦拭制度

（1）道岔必须定期擦拭，由专人负责。

（2）擦拭道岔必须与列车调度员联系，办理调控权下放手续。

（3）道岔擦拭时，行车值班室要有人监护控制台，不准随意扳动道岔。擦拭道岔人员一律穿绝缘鞋，携带防护用具，擦拭前施放木楔，无关人员不得擅自进入道岔区。如需转换道岔，室内监护人员与现场擦拭人员应进行联系，说明道岔号码及定、反位，且现场擦拭人员要离开道岔。

（4）道岔擦拭完毕，要认真清理现场，清点工具，撤除木楔，并检查有无妨碍列车运行及道岔转换的物品。

（5）试验道岔，确认良好后，与列车调度员办理调控权上交手续，有关按钮由信号人员加封并做记录，填写《道岔擦拭登记簿》。

5. 巡视检查制度

（1）送电前，行车值班员进行站线巡视，检查线路上有无影响列车运行的异物。

（2）对站内施工、设备检修后的现场进行巡视检查，复核施工登记注销情况。

（3）检查行车控制台是否有异常情况。

6. 行车事故处理制度

（1）发生行车事故，应立即采取措施进行处理，同时向列车调度员及有关部门报告。

（2）认真记录事故发生的时间、地点、车次、车号、司机姓名及人员伤亡、设备损坏情况。

（3）赶赴现场，查找人证、物证，并做好记录。
（4）清理现场，尽快开通线路。
（5）对责任行车事故，应认真找出原因，提出处理意见，制订防范措施。

## 二、行车工作的基本要求

轨道交通行车组织工作以安全运送乘客、满足设备维护的需要为目标，按《运营时刻表》的要求，实现安全、准点、舒适、快捷的运营服务的宗旨。

轨道交通行车组织工作必须坚持"安全第一、高效组织"的生产方针，贯彻"高度集中、统一指挥、逐级负责"原则，各单位、各部门紧密配合、协调工作，确保行车和乘客安全，完成各项工作任务。

1. 执行命令听从指挥

严格执行单一指挥制。车站行车工作由车站行车值班员统一指挥，列车在车站时，所有乘务人员应在车站行车值班员指挥下工作。车站行车值班员应认真执行行车调度员的命令和上级领导的指示。

2. 遵章守纪按图行车

认真执行行车规章制度，遵守各项劳动纪律。办理作业正确、及时，严防错办和忘办，严禁违章作业，当班必须精神集中、服装整齐、佩戴标志，保证车站安全、不间断地按列车运行图接发列车。

3. 作业联系及时准确

联系各种行车事宜时，必须用语规范、内容完整、简明清楚，以防误听、误解和臆测行事。

4. 接发列车目迎目送

接发列车严肃认真，姿势端正。列车进站前，出室接车；列车进站后，送车完毕后回行车值班室。认真做好"看、听、闻"，确保列车安全运行。

5. 行车表报填写齐全

行车表报包括各种行车凭证、行车日志和各种登记簿。行车凭证有路票、绿色许可证、红色许可证、调度命令等。登记簿有调度命令登记簿、施工登记簿、交接登记簿等。应按规定内容、格式认真填写各种行车表报，保持表报完整、整洁。

## 三、接发列车工作

在组织接发列车作业时，城市轨道交通系统与铁路不同。城市轨道交通系统由于采用了 ATC 列车自动控制系统，列车以规定速度进站，车站不显示接车信号，车站原则上不办理接发列车作业，值班站长（或行车值班员）根据列车所处状态，播放录音广播，做好乘客服务，监视站台乘客候车秩序，确保站台安全。遇特殊情况须接发列车时，车站接发列车人员应严格执行接发列车作业程序。

由于国内城市轨道交通信号系统普遍实现中央级控制（ATS），列车实行自动驾驶运行，城市轨道交通车站原则上不办理接发列车作业。车站对列车运行情况进行监视，负责向行调报点，各站间相互报点，当发生意外事件时，向行调请示，经同意后暂不报点；站台站务员按有关规定迎送列车。只有在信号联锁故障，需人工排列进路组织列车运行及列车开到区间因故障要退回车站等特殊情况下须办理接发列车作业。

1. 控制中心办理接发列车作业

在采用自动闭塞时，区间闭塞是自动办理的，但进路排列有两种情形。

（1）在行车指挥自动化时，控制中心 ATS 根据使用列车运行图及列车运行实际情况，通过车站联锁设备自动排列进路、实时控制列车接发作业。在控制中心 ATS 自动功能故障时，列车进路由行车调度员人工排列。

（2）在调度集中时，由行车调度员通过进路控制终端控制管辖线路上的信号机、道岔，人工排列列车进路，办理列车接发作业。

在上述两种情况下，车站值班员通过行车控制台监视列车进路排列、信号显示，列车到发、通过情况，以及列车运行状态是否正常等。

2. 车站办理接发列车作业

在采用区间闭塞设备时，行车闭塞法为双区间闭塞法；在停用自动闭塞设备时，行车闭塞法为电话闭塞法。在上述两种情形下，区间闭塞由车站值班员办理。

（1）双区间闭塞行车。

在调度监督、双区间闭塞法行车时，控制权下放给车站。此时，车站值班员办理接发列车作业，行车调度员监督现场设备和列车运行状态。

接发列车作业的内容、程序与办法：

① 准备进路。接发列车进路可根据行车调度员下达的列车运行计划预先办理。

② 办理闭塞。发车站车站值班员用站间行车电话向接车站请求闭塞；接车站车站值班员接到请求闭塞电话后，确认前次列车已经到达前方站、接车区间空闲、接车进路畅通、有关道岔位置正确，以及确认影响接车进路的调车作业已经停止后，按压同

意接车按钮。此时，接车站接车表示灯由黄灯显示变为灭灯。关于表示灯的显示颜色与意义见表 3-2。

表 3-2 表示灯的显示颜色与意义

| 表示灯类型 | | 发车表示灯 | 接车表示灯 | 到达表示灯 |
| --- | --- | --- | --- | --- |
| 表示灯显示 | 红灯 | 出站信号开放 | 邻站出站信号开放 | 列车到达本站 |
| | 绿灯 | 可以开放出站信号 | | |
| | 黄灯 | 列车到达接车站 | 列车到达前方站 | |
| | 红黄灯 | | 列车到达本地 | |
| | 灭灯 | | 同意接车 | |

③ 开放信号。发车站车站值班员确认发车进路正确无误后，按压发车信号按钮。此时，发车站发车表示灯由绿灯显示变为红灯显示，出站信号机绿灯显示；接车站接车表示灯变为红灯显示以及闭塞电铃鸣响。

④ 列车出发。列车发出后，发车站车站值班员拔出发车信号按钮，向接车站车站值班员和行车调度员报点，填写《行车日志》；接车站的车站值班员接到报点后填写《行车日志》。此时，出站信号机变为红灯显示。

⑤ 列车到达。列车到达后，接车站的车站值班员向发车站的车站值班员和行车调度员报点，填写《行车日志》；发车站的车站值班员接到报点后填写《行车日志》。此时，发车站发车表示灯为黄灯显示；接车站列车到达表示灯为红灯显示以及闭塞电铃鸣响，接车表示灯为红黄灯显示。

⑥ 取消闭塞。在发车站请求闭塞、接车站同意接车和发车站尚未开放出站信号时，如因故需要取消闭塞，由发车站的车站值班员用站间行车电话向接车站的车站值班员请求取消闭塞，接车站的车站值班员请求取消闭塞电话后，破封登记，按压故障按钮。此时，发车站发车表示灯为黄灯显示；接车站接车表示灯为红黄灯显示。

⑦ 接送列车。列车在车站上到发或通过时，助理车站值班员应按规章要求站在规定地点接送列车，密切注意列车运行状态与乘客乘降情况，发现有危及行车安全和乘客安全的情况应立即采取有效措施妥善处理。

（2）电话闭塞法行车。

改用电话闭塞法行车，必须有行车调度员命令。由于电话闭塞法行车时无设备控制，为了防止因疏忽向占用区间发车，造成通向列车尾追，要求车站值班员在接发列车作业过程中，严格按照规定的作业程序和要求进行，以确保接发列车作业安全。电话闭塞法行车时，车站值班员办理接发列车作业的内容、程序与办法如下：

① 办理闭塞。发车站向接车站请求闭塞。接车站确认接车区间空闲，接车进路准备妥当后，向发车站发出承认某次列车闭塞的电话记录号码，并填写《行车日志》。

所谓进路准备妥当是指接发列车进路空闲、有关道岔位置正确和影响接发列车进路的作业已经停止。闭塞办妥后，因故不能接车或发车时，应立即发出停车手信号进行防护，并由提出一方发出电话记录号码作为闭塞取消的依据，取消闭塞应及时向行车调度员报告。

② 发出列车。发车站接到接车站承认闭塞的电话记录号码后，填写路票交给列车司机，向司机显示发车手信号。列车出发后，发车站向接车站和行车调度员报名，并填写《行车日志》。

③ 接入列车。接车站在列车停车位置向司机显示停车手信号。列车整列到达停妥后，向列车司机收取路票。

④ 闭塞解除。接车站在列车整列发出或进入折返线，以及接车进路准备妥当后，向发车站发出到达列车闭塞解除的电话记录号码。向行车调度员点名，并填写《行车日志》。

联锁站的接发车作业程序表见表 3-3。

表 3-3 联锁站接发车作业程序

| 作业程序 | 作业程序及用语 | | | 说明事项 |
|---|---|---|---|---|
| | 值班站长 | LOW 操作员（行车值班员） | 站台站务员 | |
| 一、听取预告 | 1. 根据《行车日志》和 LOW 工作站显示，确认接车线路空闲；<br>2. 听取发车站预告"××次预告"并复诵，通知 LOW 操作员，"排列××次接车进路" | | | |
| 二、准备进路、开放信号 | 4. 确认接车进路防护信号开放正确后，复诵"进路防护信号好了" | 3. 听取值班站长"排列××次接车进路"后，在 LOW 工作站上排列列车进路，确认进路防护信号开放好后，口呼"进路防护信号好了" | | |
| | （办理发车作业程序） | | | （列车通过）|

续表

| 作业程序 | 作业程序及用语 | | | 说明事项 |
|---|---|---|---|---|
| | 值班站长 | LOW操作员（行车值班员） | 站台站务员 | |
| 三、接车 | 5.听取发车车站报点，复诵并填写《行车日志》 | | 7.站台站务人员复诵"××开过来，准备接车"，并立岗接车 | |
| | 6.通知站台站务人员"××次开过来，准备接车"，并听取回报 | | 8.监视列车到达（通过）即注意站台乘客安全 | |
| | 9.监视列车到达 | 10.监视列车到达（通过） | | |
| 四、报点 | 11.向发车站报点："××次（×点）×分×秒到（通过）并填写《行车日志》" | | | |

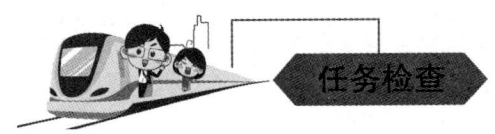

表 3-4 车站行车组织——任务检查单

| 任务编号 | 3-2 | 任务名称 | 车站行车组织 | |
|---|---|---|---|---|
| 序号 | 检查内容 | | 是 | 否 |
| | 熟悉行车工作相关制度 | | | |
| 1 | 复诵行车值班员责任制和行车作业联系制度 | | | |
| 2 | 复诵行车值班员交接班制度、巡视检查制度 | | | |
| 3 | 复诵行车事故处理制度 | | | |
| | 阐述行车工作的基本要求 | | | |
| 4 | 阐述行车工作的基本要求 | | | |
| | 模拟开展接发列车工作 | | | |
| 5 | 模拟开展接发列车工作 | | | |

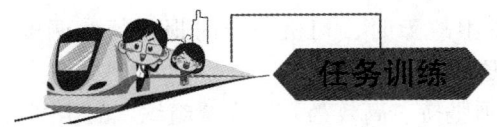

## 一、选择题

1. 列车出发工作流程分为（　　　）。
    A. 分派司机　　　B. 制订发车计划　　　C. 出乘作业
    D. 发车作业　　　E. 接车作业
2. 建立和健全各项行车工作制度，做到行车作业（　　　）。
    A. 制度化　　　B. 迅速化　　　C. 程序化　　　D. 标准化
3. 严格执行（　　　）制，车站行车工作由车站行车值班员统一指挥。
    A. 民主集中　　　　　　　　　B. 单一指挥
    C. 统筹规划　　　　　　　　　D. 逐级汇报
4. 接发列车需认真做好（　　　），确保列车安全运行。
    A. "看、说、闻"　　　　　　B. "看、听、说"
    C. "说、听、闻"　　　　　　D. "看、听、闻"
5. 行车登记簿不包括（　　　）。
    A. 调度命令登记簿　　　　　　B. 钥匙登记簿
    C. 施工登记簿　　　　　　　　D. 交接登记簿等

## 二、填空题

1. 发生行车事故，应立即采取措施进行处理，同时向＿＿＿＿＿及有关部门报告，赶赴现场，查找＿＿＿＿＿、＿＿＿＿＿，并作＿＿＿＿＿。
2. 在调度集中控制的情况下，由＿＿＿＿＿直接指挥列车上的列车接发工作。
3. 为保证安全不间断地接发列车，严格按照＿＿＿＿＿行车，是车站行车工作的一项基本任务。
4. 如因故需取消进路，应确认＿＿＿＿＿，并在通知司机后关闭＿＿＿＿＿。
5. 行车值班员接班时，要了解列车运行情况，对＿＿＿＿＿、＿＿＿＿＿、＿＿＿＿＿进行检查后，签认接班。

## 三、判断题

（　　　）1. 电话闭塞法行车时，为保证列车运行安全，在同一时间、同一区间内只准有一辆列车运行。

（　　）2. 正线列车或其他行车设备发生故障时，司机应及时报告行车调度员，报告故障车次、故障时间、故障现象及处理结果。

（　　）3. 轨道交通行车组织工作，必须坚持"高效第一、安全组织"的生产方针。

（　　）4. 办理作业正确及时，严防错办和忘办，严禁违章作业。

（　　）5. 办理接发列车用语没有严格规定，能听懂就可以。

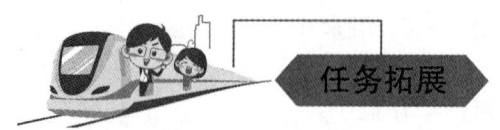

录制一段视频，演示车站接发列车作业。

## 任务三　车站票务管理

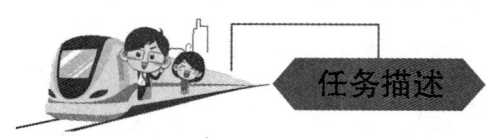

城市轨道交通票务系统是轨道运营方为乘客提供快捷、优惠的出行服务，有效进行票务收入管理，合理配置运营系统（运营设备、运营模式）资源而建立的一套满足城市轨道交通票务管理需求的系统。城市轨道交通票务系统是自动售检票系统实施的必要环境和基础，而自动售检票系统则是城市轨道交通票务系统的实现手段之一，它能有效提高城市轨道交通票务系统的管理水平和效益。

本任务将了解和学习城市轨道交通车站票务管理的相关知识。

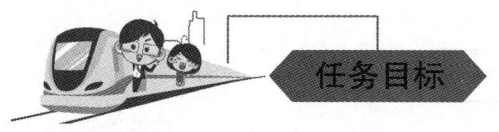

- 能独立讲解票务系统；
- 能阐述日常票务管理工作重点；
- 能模拟开展票务工作。

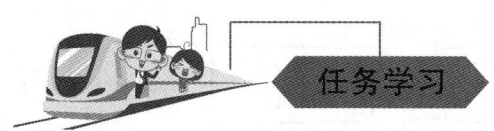

## 一、票务系统

城市轨道交通票务系统主要通过制订票价等运营策略，对车票制作、车票出售、入站检票、罚款等营收信息进行有效管理。随着系统功能外延的不断扩展，城市轨道交通票务系统也承担对运营状况进行监控管理的职责。合理的票务机制能有效地增加客流和提高运营效益。

城市轨道交通票务系统是城市轨道交通票务收入和结算的基础，只有通过安全、可靠和完备的自动售检票系统，才能有效地实施票务的结算和清分。

票务系统的统一规划是实现线路之间换乘的基础条件。如果网络票务没有系统的统一规划，则可能导致各线路之间票务系统不兼容、车票介质不兼容，从而无法实现互联，不能实现信息共享，也无法进行交易数据清分。

在城市轨道交通网络中，只有各线路均采用票务系统规划所统一制订的车票制式、系统接口和清分算法，才能保证在整个城市轨道交通网络中，乘客均可在付费区内直接换乘。

大多数城市的轨道交通系统通过自动售检票（AFC）系统实现票务管理，因为它能有效提高票务系统的管理水平和效益。AFC 系统是融计算机技术、通信、网络、数据库、非接触式 IC 卡、系统集成等多项高新技术于一体的自动化售票、检票系统，可实现对城市轨道交通的售票、检票、计费、收费、统计、清分结算和运行管理等全过程的自动化管理，同时还可为决策提供客流、收入等各类信息支持。

城市轨道交通 AFC 系统共分为车票、车站终端设备、车站计算机系统、线路中央计算机系统、清分系统 5 个层次，如图 3-1 所示。

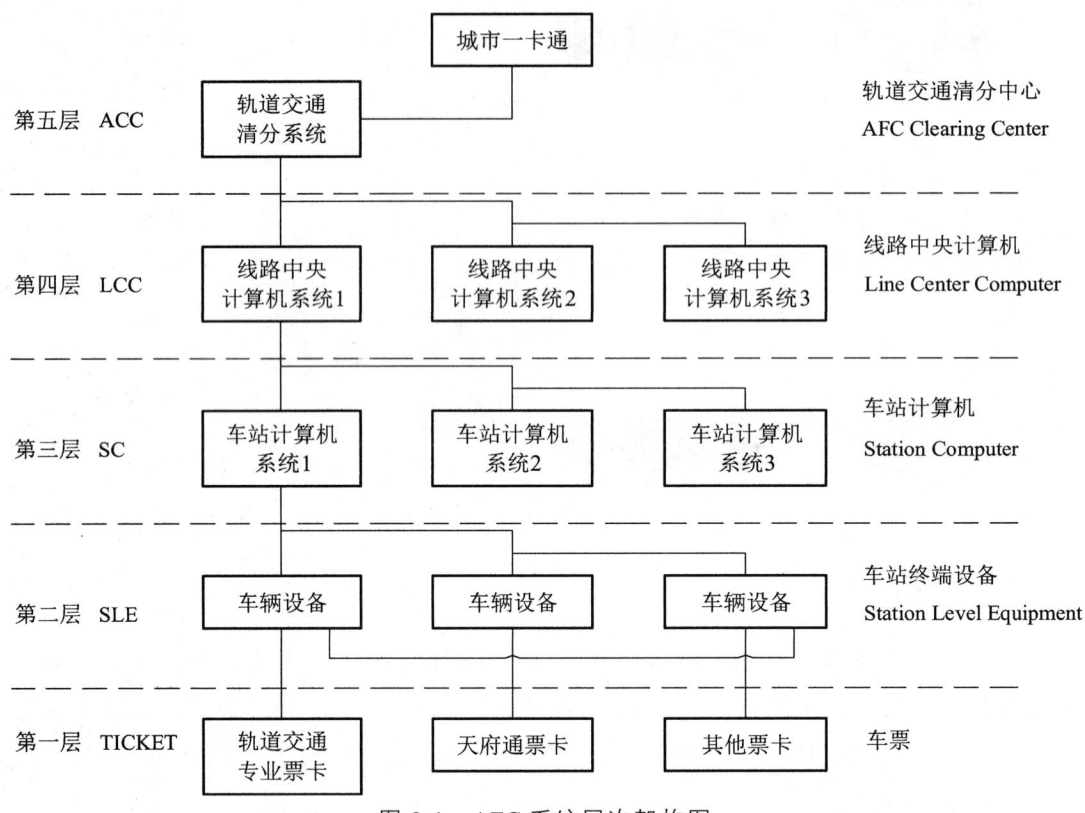

图 3-1 AFC 系统层次架构图

第一层：车票。它是乘客所持的车费支付媒介，规定了储值卡和单程票两种车票类型的物理特性、电气特性、应用文件组织以及安全机制等技术要求。

第二层：车站终端设备。其安装在各车站的站厅，直接为乘客提供售检票服务，规定了车站终端设备及其运营管理的技术要求。

第三层：车站计算机系统。其主要功能是对第二层车站终端设备进行状态监控，并收集本站产生的交易和审计数据。

第四层：线路中央计算机系统。其主要功能是收集本线路 AFC 系统产生的交易和审计数据，并将此数据传送给城市轨道交通清分系统，以及与其进行对账。该层规定了对该线路的车票票务管理、运营管理及系统维护的技术要求。

第五层：清分系统。其主要功能是统一城市轨道交通 AFC 系统内部的各种运行参数，收集城市轨道交通 AFC 系统产生的交易和审计数据，并进行数据清分和对账，同时负责连接城市轨道交通 AFC 系统和城市一卡通清分系统。该层规定了对车票管理、票务管理、运营管理和系统维护管理的技术要求。

## 二、票 制

自动售检票系统根据票务政策的计费原则和计费方式进行售票、检票和统计。对于单一票制、计程票制和混合票制，应结合不同的票制原则以及相应的优惠措施制定执行方案。

1. 单一票价制

根据乘坐次数进行计费，与实际乘坐的距离长短及换乘无关，不论乘客乘坐里程长短或站点数多少都实行一种价格的票价制度。单一票价制的优点是票制单一，易于管理和操作，服务人员相对较少。缺点是长、短途客流费用支出不合理，无法充分体现企业的经济效益。

2. 计程票价制

计程票价制又分为按区间分段计价和按里程计价两种。

按区间分段计价是指按乘客乘坐的车站区间数量实行多级票价，即根据设定的基本起步价、起价区间、每个计价段所包含的区间数、每个计价段价格等进行票价的计算。按区间分段计价考虑了长、短途客流的需求，票价相对合理，乘客可根据乘坐的区间数计算票价，但不适用于站间距有较大差异的线网。

按里程分段计价是指按乘客乘坐的运营里程长短实行多级票价，即根据设定的基本起步价、起价里程、每个计价段所包含的里程数、每个计价段价格等进行票价的计算。按里程分段计价充分考虑了长、短途客流的不同需求，按乘坐里程与票价的关系制订合理的票价，适用于站间距有较大差异的线网。然而，这种计价方式管理难度较大，对自动售检票系统要求更高。

3. 混合票价制

混合票价制也称为分区域（区间）计程制，即将运营线路总长度分为若干个区域（区间），根据票价计费标准，在各区域（区间）内采用同一票价。实际运营距离跨越一个或多个区域（区间）时，根据占用的区域（区间）数进行计费。

## 三、日常票务管理

1. 票卡管理

票卡就是乘客使用的车票，用于记载乘客的出行和费用信息，是乘车的有效凭证。票卡管理就是对票卡的发行、使用、更新等全过程进行有效的管理。票卡的发行及使用主要包括车票编码定义、车票初始化、车票的赋值发售、车票的使用等。

车票编码定义包含车票类别、车票编号、车票票值、车票时效、车票使用范围等信息。车票的初始化是指在所有车票投入使用前，必须由专门的机构进行初始化，分配车票在系统内的唯一编号，同时生成车票相关的安全数据。初始化后的车票必须经过赋值处理才能够正常使用。对车票的赋值可由车票编码/分拣机执行，或由车站内的自动售票机、票务处理机在车票出售时进行。车票通过发售/赋值后就可以投入使用。

2. 票务规则管理

为保证票务系统能够在多部门和多环节高效运行，必须制订一套科学、严密的规则、流程，包括票价策略、结算规则、权限管理和操作流程等。票价基本政策主要指轨道交通运营单位对计价方式、乘车时限、乘车限制等方面的规定。

（1）计价方式。

城市轨道交通采用的票价计价方式主要有单一票价制、按里程计价、分段计价等。单一票价制是指采用单一票价，无论乘客乘车行程的远近，票价都是相同的；按里程计价的方式是指乘客乘车费用与里程有关，乘坐里程越长，收费越多，反之越少；分段计价方式是指将整条线路划分为多个段，每段由多个区间构成（相邻两站之间为一个区间），在起步价后，每一段加收固定金额车费。

（2）乘车时限。

城市轨道交通是一种安全、快速、便捷、准时的交通工具。为避免乘客在列车上或车站付费区内长时间逗留，造成不必要的拥塞，轨道交通运营单位往往会对乘客购票入闸至检票出闸的时间进行限制，这就是乘车时限。超过乘车时限，简称滞留超时。对滞留超时的乘客，运营单位往往会收取一定金额的费用。如有的城市地铁公司规定，乘客每次从入闸至出闸的时限为120分钟，超过时限要按最高单程票价补交滞留超时金额。

（3）乘车限制。

为保证车站乘车秩序、环境以及乘客的安全，轨道交通运营单位往往会对乘客携带的物品做出规定，允许乘客携带一定重量和体积的行李，在规定范围内的重量或体积的行李给予免费或收取费用。另外，车站禁止乘客携带易燃、易爆、有毒等危险物品入站，同时也不允许携带较大、较重或较长的物品入站。此外，为保证单程票的正常循环，轨道交通运营单位也会对单程票的使用做出一些限制。以上的相应规定统称为乘车限制。

乘客需凭有效车票进入轨道交通付费区，车票实行一人一票制，即一张车票不可多人同时使用，进闸车票与出闸车票应当对应匹配。

### 3. 票务报表管理

车站票务报表包括手工填写和计算机打印出来的两种。报表是了解车站票务收入和车票售卖情况的重要依据,也是进行票务收益核对的重要依据。车站票务报表种类较多,根据岗位不同,需要填写不同的报表。

(1) 报表的种类。

一般情况下,报表分为以下几种:车票配发单、自动售票机补币记录表、票务员结算单、无效票/退款票处理记录表、乘客事务处理单、车票/现金借出记录表、无效票处理申请表、钱箱清点报告等。

(2) 报表填写。

报表填写要真实、准确、完整、及时。报表填写是一项细致又严肃的工作,填制人员必须遵守票务规章制度。

真实是指报表必须由相关人员填写且如实反映票务情况,不得捏造事实、弄虚作假。准确是指报表填写前应认真核对实际情况,以正确无误的数据填列,并要仔细复核。

完整是指必须按报表所列事项填写,不得遗漏,且每日上交报表必须连号(报表号码按票务管理部门配发的报表号码填写)。

及时是指报表必须在规定期限内填制完毕,并按规定时间上交票务管理部门,不得故意延迟时间。

报表的填写必须用蓝色或黑色笔填写,且字迹必须清晰、工整,不得潦草。属于过底的报表用圆珠笔填写,属于非过底的报表用钢笔或签字笔填写。填写人员必须用私章确认。报表中使用的数字应用阿拉伯数字,填写时应逐字书写,不得连笔书写。当金额一项小数点后无数时,应写".00"或"—"。

## 四、票务作业

一般情况下的票务作业包括:人工售票和充值,福利票换领,发票、报销凭证换领,车票分析,补票,发售出站票,单程票批处理,单程票注销,退票,行政处理,车票激活,故障票卡回收,退卡,退资,一票通票异常情况处理和一卡通卡异常情况处理等。主要票务作业流程如下:

### 1. 人工售票和充值

人工售票和充值指车站工作人员使用 BOM 发售单程票、一卡通卡以及为一卡通卡充值的业务。作业流程如下:

(1) 一卡通卡发售押金、充值金额、卡内余额要按照票务系统规定的要求执行。

（2）作业人员应严格遵守售票/充值作业程序，不得拒收硬币及破旧能用的纸币。

（3）车站工作人员进行作业时须使用相关设备辨别钞票真伪，如发现假钞或无法确认真伪的钞票时，应立即将钱币退予乘客更换。

（4）车站售票人员换岗前，应将全部单程票售出，未售出的车票须进行注销。

2. 福利票换领

福利票换领是指车站工作人员使用 BOM 为符合免费乘车条件的乘客发放福利票的业务。作业流程如下：

（1）离休干部持"离休证"、残疾军人持"残疾军人证"、伤残人民警察持"伤残人民警察证"、现役士兵（含武警士兵）持"士兵证"可免费乘坐地铁。盲人持"残疾证"及其 1 名陪同人员可免费乘坐地铁。以上人员可持证换领福利票。其他可换领福利票的人员及所持证件，以票务室规定为准。

（2）在为乘客换领福利票时，车站工作人员须遵守下列规定：① 核对乘客所持有的免费证件是否有效；② 如实填写福利票换领记录；③ 如遇持"残疾证"（视力残疾）的盲人乘客，须向其 1 名陪同人员发放福利票。

（3）车站售票人员换岗时，不得留有已发行但未向乘客发放的福利票。

3. 补　票

补票指当乘客由于票卡超时、进出站次序错误等原因无法正常进站或出站时，车站工作人员使用 BOM 对票卡进行补齐记录、扣费等处理，使之能够正常使用的业务。作业流程如下：

（1）车站工作人员在进行补票前须确认所用 BOM 的费区设置是否正确。

（2）车站工作人员不得随意修改补票费用。

4. 发票、报销凭证换领

发票、报销凭证换领是指车站工作人员为购票或充值后有报销需求的乘客发放一卡通发票与一票通报销凭证的业务。作业流程如下：

（1）车站工作人员须凭乘客出具的储值卡（一卡通）售卡、充值机打印单据向乘客发放发票或报销凭证。

（2）车站工作人员需根据售卡、充值金额如实开具发票，不得虚开发票，并在交与乘客发票的同时在机打水单上注明"已开发票"。

（3）车站工作人员应妥善保管储值卡（一卡通）发票存根。

5. 单程票批处理

单程票批处理指为应对大量购票乘客集中到达或其他特殊情况，车站工作人员使用 BOM 提前批量发售单程票的业务。作业流程如下：

（1）车站工作人员进行一次批处理的单程票数量不得超过 20 张。

（2）车站售票人员换岗前，应将全部批处理单程票售出，未售出的车票须进行注销。

（3）车站工作人员应根据需要进行单程票批处理，避免车票发售过多。

（4）一般情况下，不允许批处理福利票。

6. 票卡注销

票卡注销指车站或票务室工作人员使用 BOM 或 E/S 对已发行或预赋值但未售出的单程票或预赋值单程票进行注销的业务。作业流程如下：

（1）单程票注销须于当日在发行该车票的 BOM 机上进行。

（2）预赋值单程票注销须于规定时间内在发行该车票的 E/S 机上进行。

（3）出现下列情形之一时，允许进行注销业务：① 操作失误导致错误发售的单程票；② 当日本岗进行批处理业务后未售出的单程票；③ 未能在预定日期内售卖完毕的预赋值单程票。

（4）对于已向乘客售出的车票，不允许进行注销。

表 3-5　车站票务管理——任务检查单

| 任务编号 | 3-3 | 任务名称 | 车站票务管理 | | |
|---|---|---|---|---|---|
| 序号 | 检查内容 | | | 是 | 否 |
| | 讲解票务系统 | | | | |
| 1 | 讲解票务系统及其特点 | | | | |
| | 阐述日常票务管理工作 | | | | |
| 2 | 阐述票卡管理 | | | | |
| 3 | 阐述票务规则管理 | | | | |
| 4 | 阐述票务报表管理 | | | | |
| | 模拟开展票务工作 | | | | |
| 5 | 模拟开展票务工作 | | | | |

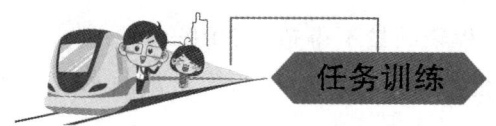

## 任务训练

### 一、选择题

1. 售检票系统的运营模式有（　　）。
   A. 正常运营模式　　　　　　　　B. 列车故障运营模式
   C. 高峰/非高峰运营模式　　　　 D. 超时、超程运营模式
   E. 大客流、紧急运营模式
2. （　　）是指轨道交通运营单位对计价方式、乘车时限、乘车限制等方面的规定。
   A. 票价基本政策　　　　　　　　B. 票价策略
   C. 结算规则　　　　　　　　　　D. 权限管理
3. 目前国内各大城市地铁自动售检票系统中的车票一般都采用（　　）。
   A. 磁卡车票　　　　　　　　　　B. 纸票
   C. 接触式 IC 卡　　　　　　　　D. 非接触式 IC 卡
4. 城市轨道交通 AFC 系统由（　　）等层次组成。
   A. 专用票卡　　　　　　　　　　B. 车站终端设备
   C. 车站计算机系统　　　　　　　D. 线路中央计算机系统
   E. 清分系统
5. 根据客流量和设备维护情况，一般每（　　）人次配置一台进站和出站单向检票机。
   A. 1 000～2 000　　　　　　　　B. 2 000～3 000
   C. 3 000～4 000　　　　　　　　D. 4 000～5 000

### 二、填空题

1. 自动售检票系统必须具备相应的_____、_____、_____、_____和_____。
2. 售检票终端设备一般由_____、_____、自动增值机、_____、自动充值机和_____等现场设备构成。
3. 在城市轨道交通网络中，只有在各线路均采用票务系统规划所统一制定的_____、_____和_____，才能保证在整个城市轨道交通网络中，乘客均可在付费区内直接换乘。
4. 自动售检票系统根据票务政策的_____和_____进行售票、检票和统计。
5. 票务报表填写要_____、_____、_____、_____。

三、判断题

（　　）1. 车票投入使用前，必须由专门的机构进行初始化，分配车票在系统内的唯一编号，同时生成车票相关的安全数据。

（　　）2. 按区间分段计价适用于站间距有较大差异的线网。

（　　）3. 车票的初始化是指在所有车票投入使用前，必须由专门的机构进行初始化。

（　　）4. 对滞留超时的乘客，运营单位往往会对乘客进行警告。

（　　）5. 为保证单程票的正常循环，轨道交通运营单位也会对单程票的使用做出一些限制。

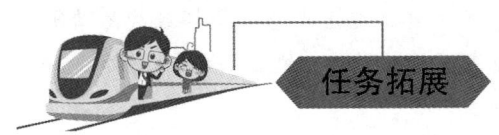

区分车票的不同编号，制作PPT讲解车票的赋值、发售、使用、更新、退换等过程。

# 任务四　车站施工管理

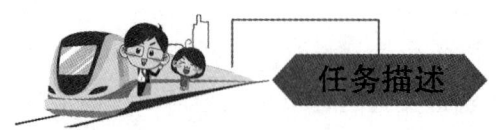

轨道交通车站作为行车、客运等设备设施的集中设置地,运营时间为乘客提供乘车服务,非运营时间需要对所有设备设施进行维护和保养,在出现意外损坏或故障情况下,还要进行紧急抢修等。轨道交通车站运营区域设备设施的养护、检查、维修以及抢修等作业,统称为车站施工作业。

本任务将了解和学习城市轨道交通车站施工管理的相关知识。

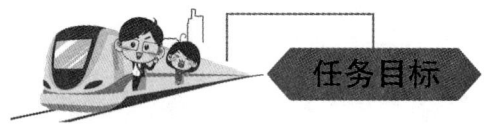

- 能阐述施工作业要点;
- 能阐述运营时间内特殊情况的施工注意事项。

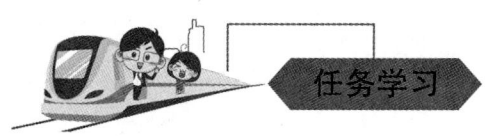

## 一、施工组织实施

施工组织实施主要包括确定施工负责人、施工批准权限、具体施工时间的登记及注销(即施工请销点)、施工过程中的安全防护等。

(1)确定施工负责人。一般城市轨道交通企业施工项目必须有施工负责人,其职责是:负责办理该组作业请销点手续;负责该组作业人员、设备的安全管理;负责作业过程的组织指挥；负责及时与车站、车厂联系作业有关事项；组织设置、撤销作业安全防护设施（接触网停电及挂地线由电调组织）；负责恢复施工所涉及设备的正常状态；负责出清作业区域。施工负责人应具备的条件：须经过严格培训和考核认证，熟知施工相关内容；熟悉该项作业的性质、内容、方法、步骤、要求等；具备与该项作业相关的安全知识和技能。同时，施工队伍必须具有相关资质认证，有一定的专业技能。

若同一施工项目须多个作业点进行，则该施工项目除配备施工负责人外，各点（辅站）的施工须配备站（点）施工责任人，站（点）施工责任人在辅站办理进厂作业登记和负责该作业点施工的组织、安全和管理。两者都须经过培训后取得安全合格证，并实行持证上岗制度。由于轨道交通行业的特殊性，所有劳务工上岗前必须经过安全教育，并对所从事的工序进行培训，经施工负责人签字认可，方能上道作业。

（2）施工批准权限。根据施工作业地点和作业性质，施工前必须办理相应批准手续才能动工。影响正线、辅助线行车的施工作业，须经行调批准；在车辆段（车厂）内的施工作业须经车厂调度批准，若影响正线行车须报行调批准；在车站内不影响行车的施工作业，内部单位施工作业须经车站批准，外部单位施工作业按外部单位工程施工作业管理，须经车站批准。

（3）施工请点及销点规定。施工作业必须向行车调度员（或车厂调度员）请点生效后方可开始动工，施工完毕后线路出清必须向行车调度员（或车厂调度员）销点。

① 请点规定。施工负责人需持《施工作业令》原件（非作业请点站登记可用《施工作业令》复印件或传真件）到车站控制室或车厂信号楼填写"施工登记表"请点，经行调（或车厂调度）同意，请点生效后方可开始施工。如遇作业区域同时包含车厂线路和邻近车厂的正线时，施工负责人到车厂信号楼值班员处请点，车厂调度员在审核批准该项施工作业时，还须电话报行车调度员批准，征得同意后，方可允许施工作业人员开始施工。

运营期间临时抢修计划的请点规定：抢修施工负责人接到抢修的命令后直接赶赴车站控制室（车厂信号楼），车站值班员（车厂信号楼值班员）登录系统，看到经行车调度员（车厂调度员）批准的"可以施工"的施工登记后，通知抢修施工负责人进入抢修地点抢修。

② 销点规定。所有施工作业都必须按计划规定的时间完成并销点。运营期间的抢修计划在作业完成且线路出清后应及时通知行车调度员（车厂调度员）销点。作业区域内同时包含车厂线和正线的施工销点，施工负责人在作业区域出清后，应到车厂信号楼销点，车厂调度员在办理销点手续时必须报告行车调度员施工结束。一项作业多组作业人员请点的，所有请点都必须进行销点，当请点站数与销点站数相等时，行车调度员才能核销点，行车调度员核销点后该项作业结束。特别注意：需异地销点时，施工负责人（责任人）应在"车站施工登记表"备注栏中注明异地销点的地点和人数。

登记进入施工的车站要及时通知异地销点的车站值班员。当施工作业结束后，施工负责人应向登记的销点站登记销点，销点站经与施工负责人核对销点的施工内容、施工人数、地点，并向请点站核对无误后，准予销点。请点站负责向行调报告销点。

（4）施工安全防护规定。施工作业的一个重要内容是对施工区域进行安全防护，确保施工作业人员的人身安全。轨道交通施工事故很多是由于施工防护疏漏造成的，因此，施工安全防护必须有严格的规定。

需停止接触网供电的施工作业，由电调负责停止相关作业区域的供电，需挂接地线的作业必须由具备操作资格的供电操作人员在作业区域两端挂好接地线，并设置红闪灯防护。站内线路施工时，由施工负责人在车站两端墙外轨道上设置红闪灯防护；在站间线路施工时，由施工负责人在作业区域外的两端轨道上设置红闪灯防护，如两端车站在靠近作业区域一侧的端墙处看不清红闪灯时，车站负责在靠近作业区域一侧的端墙处站台上设置红闪灯防护。站间线路施工前，由请点车站通知作业区域另一端车站值班员施工线路占用情况，施工时两端车站检查是否须车站设置红闪灯防护；施工销点后，销点车站通知另一端车站施工结束，两端车站各自撤除本站设置的红闪灯，车站值班员安排人员到站台不定期检查红闪灯是否按规定摆放及红闪灯状态是否良好。车厂内的施工防护可参照车站的施工防护规定办理。

当施工作业人员、工程车在同一区域作业时，施工负责人与车长根据现场情况协调组织，按施工前进方向使列车在前、人员在后，原则上不得颠倒或列车运行前后都有作业人员。非随车施工人员与列车应有 50 m 以上的安全间隔，原则上列车不得后退，如确需动车应经施工负责人和车长协商同意后才能动车，同时作业人员应在自己现场作业区来车方向设置红闪灯防护。凡进入线路施工的施工作业人员必须按要求穿荧光衣，并根据作业性质及作业要求使用其他安全防护用品。

## 二、施工作业组织

1. 入站及站外周界施工作业流程

入站施工前由施工负责人持"施工作业申请表"到施工的车站，车站当班值班站长根据车站运营及安全情况合理安排施工，并在车站的"施工登记簿"上进行登记请点，值班站长了解施工内容，根据车站具体情况对施工人员进行有针对性的安全教育，如站台施工不得越过黄色安全线、与接触网保持安全距离等，并要求施工现场负责人在《入站施工协议》上签字。施工负责人应向车站出示有效证件证明其身份，并在"施工控制卡"上签认后方可进行作业。如施工可能会对车站内设备使用造成一定影响，施工负责人应在施工前向车站人员讲明。登记后，施工人员与车站人员应进行联系方式的确认，然后车站人员仔细对照批复的施工计划，再根据车站实际情况，确认无安全隐患后，同意施工。

维修部各部室人员入站施工时，必须持公司有效证件（如员工证等）。对一般进站维修的施工（不涉及危险作业），维修部各部室人员无须向车务综合室申请，车站值班站长应根据车站情况安排施工，施工人员应在《施工登记簿》上进行登记，并在"施工控制卡"上签认后即可进行作业。

对于车站内紧急报修的施工项目，在施工单位进行紧急抢修时，车站人员应与维修部或指挥部确认，值班站长应向施工负责人了解具体施工内容、影响范围等，根据车站具体情况安排施工，无须向车务综合室申请。一般情况下非乘降客站白天作业，有乘客乘降的车站待行车运营结束后施工。

施工负责人应将施工时间控制在计划时间内，如因特殊情况未能及时完成，必须向车站值班员申请续点，延长施工时间，并在"施工登记簿"上和"施工控制卡"上登记。同时，车站人员应不定时对施工情况进行巡察，发现异常情况应立即暂停施工。所有入站及站外周界的施工区域，应有隔离设施。所有站台施工，施工人员及工器具、材料不得越过黄色安全线，并与接触网保持安全距离。值班站长应根据车站实际情况，在保证运营和安全的条件下，及时了解工作进度及工作要求，合理安排施工，并加强巡视。

当日施工结束后，施工单位必须将施工所用的工器具、施工材料、施工后的废料清理干净。如必须将施工工具、材料放在车站未开放的站厅，需由值班站长指定位置。存放的物品必须摆放整齐，且不得有易燃、易爆等危险品。在乘降客站施工的单位必须将临时用电的设备、电线撤离现场。值班站长白天巡站时若发现有未撤离的临时用电设备、电线，应及时与机电室联系。施工负责人必须会同值班站长对施工项目进行查验，确认良好后才可以结束。

所有站外周界内的施工，应保证车站安全通道的通畅。当日施工结束后施工单位必须将施工所用的工器具、施工材料、施工后的废料清理干净，保证站外周界内的整洁。

施工负责人负责施工现场的出清工作及恢复设备的正常使用，施工结束后，由施工负责人在"施工登记簿"上销记，归还"施工控制卡"。车站人员确认施工销记内容无误，注销手续符合要求后，方可确定施工正式结束。

2. 入轨及轨旁施工作业流程

施工负责人于施工前持"施工作业申请表"到施工车站，值班站长对照批复的施工计划确认无误后，在车站的"施工登记簿"上进行登记请点，并在"施工控制卡"上签认，进行联系方式的确认，然后由车站向OCC（控制中心）汇报。施工负责人应向车站出示有效证件证明其身份，并在"施工控制卡"上签认后方可进行作业。OCC根据当时行车及施工情况，决定是否进行此项施工，并给车站一个上线施工许可证号，同意施工。

值班站长详细了解施工内容后，根据具体施工内容对施工人员开展有针对性的安全教育培训，及入站施工的相关规定，并在《入站施工协议》上签字。施工中由施工负责人负责现场施工的安全、施工安排等，关于采取的安全措施由车站值班站长进行检查。对于下路轨的施工作业，值班站长应检查施工单位是否采取安全防护措施，如戴安全帽、穿荧光衣、设专人防护、进行通信测试等。如施工单位未采取安全措施，值班站长应立即停止施工作业。

施工负责人应将施工时间控制在计划时间内，如因特殊情况未能及时完成，须通过车站值班员向 OCC 申请续点，并在"施工登记簿"上注明。施工负责人负责施工现场的出清工作及恢复设备的正常使用。施工结束后，由施工负责人在"施工登记簿"上销记，归还"施工控制卡"。车站人员确认施工销记内容无误，注销手续符合要求后，方可确定施工正式结束。车站值班员在施工负责人销记后，向行车调度员汇报施工完毕，行调进行相应的登记销点。下路轨施工在运营列车回段后开始施工，运营列车出段前半小时结束施工。

### 三、运营时间内特殊情况的施工

城市轨道交通系统的施工作业一般均利用末班车通过运营结束后的非运营时间进行，并必须于次日开站运营前规定时间内全部结束。

当正线、辅助线运营时间内发生各类设备故障或事故需封锁区间抢修等特殊情况时，由行调负责组织故障情况下的行车，并根据维修调度要求组织相关问题的处理。具体规定如下：

（1）行调向有关站发布封锁区间的命令，需要时通知电调停电。

（2）维调得到行调的封锁命令号码、范围和时间后，封锁的区间交由维调控制。维调负责组织封锁区间内的设备抢修工作，并指定一名施工负责人为现场指挥。

（3）抢修完毕，施工负责人确认线路出清后报维调，维调在相应报表上签认恢复行车时间，并将该封锁区间交回行调解封，组织列车运行。

（4）遇车辆在线上的救援工作涉及系统设备，由分管的电调、环调或维调向值班主任提供技术支援，包括影响范围、预计处理（开通）所需时间、变更的运行模式（指系统设备）、处理进展情况、达到开通条件时的报告等。

（5）维修人员进入隧道前，须先到车控室办理有关手续，行调批准并落实安全防护措施后，方可进入隧道。

当进入站台或靠近站台的第一个轨道电路区段线路进行施工时，施工负责人按规定放置红闪灯进行防护；车站使用紧急停车按钮对相关轨道区段进行施工防护，同时行调把列车扣停在前方站，以保证进入轨道人员的安全。

当运营时间内到区间隧道抢修行车设备时，若需搭乘客车，应经控制中心值班主任批准，由维调组织抢修人员按行调指定的车次上车，驾驶员在故障点前停车，维修人员从驾驶室门下车进入轨道，尽快进入水泵房等安全地带；未经行调同意，在水泵房的维修人员只能在水泵房内作业，严禁进入行车限界，影响行车及人身安全。需从区间返回车站时，维修人员使用无线电话通过维调向行调申请，由行调安排列车接应。

若在运营时间内出现设备故障或由于运营需要须下路轨进行紧急施工作业时，则由 OCC 统一安排，利用行车间隔进行施工，并由行车调度员通知在线驾驶员施工具体地点，运行中加强瞭望，注意行车安全。

巡道是城市轨道交通企业一项非常重要的工作。巡道主要检查轨道各组成部分（钢轨、道岔、扣件及鱼尾板等）及线路状况，发现情况进行相应处理，确保线路次日保持良好的运营状态。如有工程车开行时，必须要确保施工和巡道工作的安全。

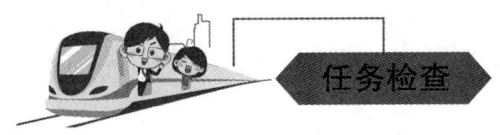

表 3-6　车站施工管理——任务检查单

| 任务编号 | 3-4 | 任务名称 | 车站施工管理 | | |
|---|---|---|---|---|---|
| 序号 | | 检查内容 | | 是 | 否 |
| | | 归纳总结施工作业要点 | | | |
| 1 | | 了解施工组织实施 | | | |
| 2 | | 归纳总结施工作业要点 | | | |
| | | 归纳总结运营时间内特殊情况的施工注意事项 | | | |
| 3 | | 阐述运营时间内特殊情况的施工组织规定 | | | |
| 4 | | 归纳总结运营时间内特殊情况的施工注意事项 | | | |

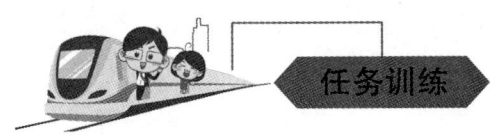

一、选择题

1. 轨道交通系统营业时间的安排主要考虑方便乘客和（　　）。
   A. 居民出行活动特点　　　　　　B. 客流量特点
   C. 车辆保有数量　　　　　　　　D. 轨道交通系统设备检修养护需要

2. 影响正线、辅助线行车的施工作业，须经（　　　）批准。
　　A. 行调　　　　　B. 行车值班员　　　C. 值班站长　　　　D. 站长
3. 非随车施工人员与列车应有（　　　）以上的安全间隔。
　　A. 200 m　　　　B. 100 m　　　　　C. 50 m　　　　　　D. 20 m
4. 凡进入线路施工的施工作业人员必须按要求穿（　　　）。
　　A. 荧光衣　　　　B. 工作服　　　　　C. 防毒服　　　　　D. 胶鞋
5. 维修部各部室人员入站施工时，必须持公司（　　　）。
　　A. 公文　　　　　B. 有效证件　　　　C. 印章　　　　　　D. 通知

## 二、填空题

1. 原则上列车不得_____，如确需动车应经_____和_____协商同意后才能动车。

2. 施工负责人应将施工时间控制在计划时间内，如因特殊情况未能及时完成，必须向车站值班员_____，延长施工时间。

3. 在乘降客站施工的单位必须将临时用电的设备、电线_____。

4. 施工结束后，由施工负责人在_____上销记，归还_____。

5. 需从区间返回车站时，维修人员使用无线电话通过维调向_____申请，由行调安排列车接应。

## 三、判断题

（　　　）1. 一般情况下非乘降客站白天作业，有乘客乘降的车站待行车运营结束后施工。

（　　　）2. 站内线路施工时，由施工负责人在车站两端墙外轨道上设置绿闪灯防护。

（　　　）3. 所有站台施工，施工人员及工器具、材料不得越过黄色安全线，并与轨道保持安全距离。

（　　　）4. 所有劳务工上岗前必须经过安全教育，并对所从事的工序进行培训。

（　　　）5. 施工完毕后线路出清必须向行车调度员（或车厂调度员）请点。

**任务拓展**

制作 PPT，讲解正线、辅助线运营时间内发生各类设备故障或事故需封锁区间抢修时应遵循的相关规定。

# 项目四

# 城市轨道交通车站客流组织

## 任务一 城市轨道交通客流组织认知

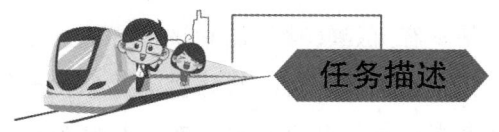

城市轨道交通具有安全、快速、舒适、容量大、环保的优点,这也就成了越来越多的市民出行的首选交通工具。随着城市轨道交通网络化的形成,它所承担的客流量的比例也在逐渐增大。为了保证乘客安全和正常的运营秩序,车站在客流组织方面应备有完善的运营组织方案和控制措施,在一定程度上用以补救固定硬件设施的缺陷。

要做好客流组织工作,首先需要对城市轨道交通客流进行基础了解。本任务我们将了解城市轨道交通客流组织基础。

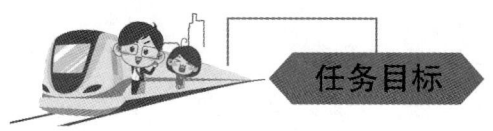

- 能阐述不同类型客流概念;
- 能利用常用方法进行简单客流的预测、调查、分析;
- 能阐述客流组织的工作宗旨、特点以及原则。

## 一、客流基本概念

客流是指在单位时间内，轨道交通线路上乘客流动人数和流动方向的总和。客流的概念既表明了乘客在空间上的位移及其数量，又强调了这种位移带有方向性并具有起讫位置。客流可以是预测客流，也可以是实际客流。

根据客流的时间分布特征，轨道交通客流可分为全日客流、全日分时客流和高峰小时客流。全日客流是指每日轨道交通线路输送的客流量。全日分时客流是指一天内轨道交通线路各小时输送的客流量。高峰小时客流一般指轨道交通线路早、晚高峰及节假日高峰小时内输送的客流量。

根据客流的来源，轨道交通客流可分为基本客流、转移客流和诱增客流。基本客流是指轨道交通线路既有客流加上按正常增长率增加的客流。转移客流是指由于轨道交通具有快速、准时、舒适等优点，使原来经常由常规公交和自行车出行转移到经由轨道交通出行的这部分客流。诱增客流是指轨道交通线路投入运营后，促进沿线土地开发、住宅区形成规模、商业活动繁荣所诱发的新增客流。

根据客流的空间分布特征，轨道交通客流可分为断面客流和车站客流。断面客流是指通过轨道交通线路各区间的客流。车站客流是指在轨道交通车站上、下车和换乘的客流。

1. 断面客流量

在单位时间内（1 小时或全日），通过轨道交通线路某一地点的客流量。显然，通过某一断面的客流量就是通过该断面所在区间的客流量。断面客流量分为上行断面客流量和下行断面客流量，计算公式如下：

$$P_{i+1} = P_i + P_下 + P_上$$

式中　$P_{i+1}$——第 $i+1$ 个断面的客流量，人；
　　　$P_i$——第 $i$ 个断面的客流量，人；
　　　$P_下$——在车站下车人数，人；
　　　$P_上$——在车站上车人数，人。

2. 最大断面客流量

在单位时间内，通过轨道交通线路各个断面的客流一般是不相等的，其中的峰值称为最大断面客流量。轨道交通线路上、下行方向的最大断面客流量一般不在同一断面上。

3．高峰小时最大断面客流量

在以小时为时间单位计算断面客流量的情况下，全日分时最大断面客流量一般是不相等的，其中的峰值称为高峰小时最大断面客流量。轨道交通的高峰小时一般出现在早晨和傍晚，称为早高峰小时和晚高峰小时。

高峰小时最大断面客流量是决策修建轨道交通类型，确定车辆型式、列车编组、行车密度、运用车配置数和站台长度等的基本依据。

4．车站客流量

车站客流量是指在轨道交通车站上、下车和换乘的客流量，可细分为全日车站客流量、高峰小时车站客流量和超高峰期车站客流量。超高峰期是指在高峰小时内存在一个15～20分钟的上、下车客流特别集中的时间段。

车站高峰小时和超高峰期客流决定了车站设计规模，是确定站台宽度、售检票设备数量、自动扶梯数量、楼梯与通道宽度、出入口数量等车站设备容量或能力的基本依据。

## 二、客流预测、调查和分析

1．客流预测

城市轨道交通客流预测是城市轨道交通投资决策的基础，只有具备足够大的客运交通需求，建设轨道交通才是合理的。客流预测是一门科学，它以现行运输统计制度提供的部分基础资料为依据，辅以对城市、港口、车站等处的调查，运用相关理论及方法在此基础上进行预测。

客流量是城市轨道交通规划、设计、建设及运营各环节的基本依据。客流预测是城市轨道交通建设的一个重要环节，是各项设计工作的基础，预测结果的可靠与否直接关系到城市轨道交通的建设投资、运营效率和经济效益。由于城市轨道交通建设项目的投资巨大，客流预测的营销结果也就更为明显。

根据实际运用经验，在城市轨道交通系统中，从系统功能要求出发，在城市总体规划和轨道交通线网规划的前提下，按设计年限，对客流预测的结果可归纳为如下5类基本内容。

（1）全线客流。

全线客流包括全日客流量和各小时段的客流量及比例。全日客流量是表现和评价运营效益的直观指标，也是进一步评价线路负荷强度的重要指标。各小时段的客流量及比例，可以为全日行车组织计划提供依据，在保证运营能力和服务水平的前提下，合理安排行车间隔，提高列车的满载率及运营效益。

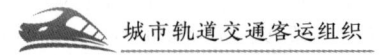

（2）车站客流。

车站客流包括全日、高峰小时的上下车客流及站间断面流量和超高峰系数。高峰小时时段的站间最大单向断面流量是确定系统运量规模的基本依据，可由此选定交通制式、车型、车辆编组长度、行车密度及车站站台长度。全线高峰小时的站间断面流量是全线运行设计的基本依据，可由此确定区域折返交路、折返列车数量、折返车站位置及配线形式，并计算车辆配置数量。

（3）分流客流。

分流客流包括站间 OD 表、平均运距及各级运距的乘客量。通过此项数据进行分段客流统计，制订票制和票价，对建设投资、运营成本作财务分析、社会经济效益分析，并提出项目效益评价意见。

（4）换乘客流。

换乘客流是指各换乘站分向换乘客流量。此项数据对主客流方向的评价很重要，并为换乘形式设计和换乘车站间的换乘通道或楼梯宽度的计算提供依据。

（5）出入口分向客流。

根据每一座车站确定的出入口分布位置，预测每个出入口分向客流并分析波动性，为每个出入口宽度计算提供依据。

客流预测方法大体分为两种：定性预测方法和定量预测方法。定性预测方法依赖于预测者丰富的经验和知识以及综合分析能力，对预测对象未来发展前景做出性质和程度上的估计和判断。定性预测法具有灵活性强、简单易行等特点，但也存在结果不够精确等不足之处。定量预测方法具有预测结果客观准确的特点，但不够灵活。两种方法各有所长，可综合运用，以获得较好的预测效果。

2. 客流调查

在轨道交通系统的运营过程中，要掌握客流在时间、空间上的动态变化规律，必须经常进行各种形式的客流调查。客流调查是一项比较复杂的工作，因为大部分的客流是基于个人需要而自然形成的，但又受一系列社会因素的影响。因此，客流调查应以影响客流发展与变化的主要因素为对象，同时，要确切地掌握一定时期的客流数量和客流变化规律。

（1）调查种类。

客流调查种类主要有全面客流调查、乘客情况抽样调查、断面客流目测调查、节假日客流调查和典型调查等。

① 全面客流调查。

全面客流调查是一种全线客流的综合调查，通常也包含了乘客情况抽样调查。这种类型的客流调查时间长、工作量大、需要较多的调查人员，在对调查资料进行整理、统计和分析的基础上，能对轨道交通系统的客流现状及客流规律有一个全面清晰的了解。

全面客流调查有两种调查方式，即随车调查和站点调查。随车调查是在车门处对全天运营时间内所有运行列车的上下车乘客进行调查；站点调查是在车站检票口对全天运营时间内所有在车站上下车乘客进行调查。轨道交通系统多采用后者。

全面客流调查的内容通常包括全线客流调查和乘客抽样调查两部分。全线客流调查一般应连续进行2～3天，在全天运营时间内，调查全线所有车站的所有乘客的下车地点和票种情况，并将调查资料以5分钟或15分钟作为间隔分组记录下来。

② 乘客情况抽样调查。

乘客情况抽样调查通过问卷方式进行，内容包括乘客构成情况调查和某类乘客乘车情况调查两项。乘客构成情况调查通常在车站进行，而某类乘客乘车情况调查可在特定的地点进行。抽样方法主要有简单随机抽样、分层抽样、整群抽样和等距抽样等。

a. 简单随机抽样，又称纯随机抽样，它是对总体不做任何处理，直接从总体中完全按随机原则抽选样本单位。

b. 分层抽样，又称类型抽样，它是先对总体按主要标志加以分组（或分类），然后再在各组组内按随机原则抽取样本单位。

c. 等距抽样，又称机械抽样或系统抽样，它是将总体按某一标志排队，然后按固定的顺序和间隔来抽取样本的组织方式。

d. 整群抽样是将总体各单位划分为若干群，然后以群为单位，从中随机抽取若干群，对选中群内的所有单位进行全面调查的抽样方式。

乘客情况抽样调查通过问卷方式进行，内容包括乘客构成情况调查和乘客乘车情况调查两项。乘客构成情况调查在车站进行，被调查人数取全天在车站乘车人数的一定比例，调查表内容有年龄（老、中、青）、性别（男、女）、居住地（本地、外地）、出行目的（工作、学习、购物、游览、访友、就医、其他）。调查时间可选择在客流比较正常的运营时间段。乘客乘车情况调查可在月票发售点或其他地点进行，常见的有对持月票乘客进行的调查，被调查人数取某类乘客总数的一定比例，调查表内容有年龄、性别、职业、家庭住址、到达车站的方式（步行、骑自行车、乘其他交通工具）和时间、上下车站、下车后到达目的地的方式（步行、骑自行车、乘其他交通工具）和时间、乘坐轨道交通比过去乘坐其他交通工具节省的时间。

③ 断面客流调查。

断面客流调查是一种经常性的客流抽样调查，根据需要，可选择一个或几个断面进行调查。一般是对最大客流断面进行调查，调查人员用直接观察法调查车辆内的乘客人数。

④ 节假日客流调查。

节假日客流调查是一种专题性客流调查，重点对春节、元旦、国庆节、双休日和若干民间节日期间的客流进行调查。调查的内容包括机关、学校、企业等单位的休假安排，城市旅游业、娱乐业的发展程度，市民生活方式的变化等。该项调查一般是通过问卷方式进行。

⑤ 突发客流调查。

突发客流调查主要针对影剧院、体育场馆等客流快速集散的站点进行专项客流调查。该项调查主要涉及影剧院、体育场馆的规模与附近轨道交通车站的客流影响程度、持续时间之间的关系。

3. 客流分析

客流调查之后须对调查数据进行科学合理的分析，掌握客流现状与客流变化的规律，为后续行车组织工作和客运组织工作提供可靠依据。

（1）月客流变化特征。

全年各月存在天气情况、重大节假日分布等特征的差异性，使得各个月份的客流分布特征有所差异。通过对典型城市的客流特征的总结可以得到城市轨道交通客流按月份分布的差异性特征。

在我国，同一年内上半年的客流量一般比下半年低，1月、2月、6月的客流量与其他月份相比较低，但在7月之后，客流量开始明显持续走高，直到年底。全年最大月度客流量基本发生在10月，年中最高日客流基本上是"十一"期间创下的。一年中的最小客流基本发生在春节期间。"五一"和"十一"的长假期间客流量增加较明显，比日常增加20%~40%。

（2）一周内各日客流特征。

一周内各日客流的变化是以周为循环周期的，主要因为人们的工作与休息是以周为循环周期进行的。城市轨道交通线路主要是以通勤、通学客流为主，双休日客流有所减少，而连接商业网点、旅游景点的轨道交通线路双休日客流增加。另外，星期一与节假日后的早高峰小时客流、星期五与节假日的晚高峰小时客流，都会比其他工作日早、晚高峰小时客流量大。

（3）一日内小时客流特征。

城市轨道交通小时客流分布可以归纳为单向峰型、双向峰型、全峰型、突峰型、无峰型等5种。

① 单向峰型。

轨道交通线路所处的交通走廊具有明显的潮汐特征，或车站周边地区用地功能性质单一时，车站客流分布集中，有早、晚错开的 1 个上车高峰和 1 个下车高峰，如图 4-1 所示。

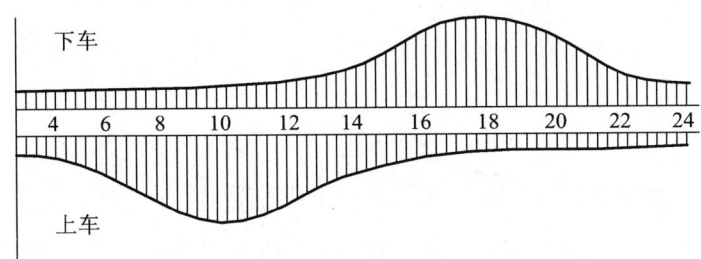

图 4-1　单向峰型

② 双向峰型。

车站位于综合功能用地区位时，客流分布与其他交通方式的客流分布一致，有 2 个配对的早、晚上下车高峰，如图 4-2 所示。

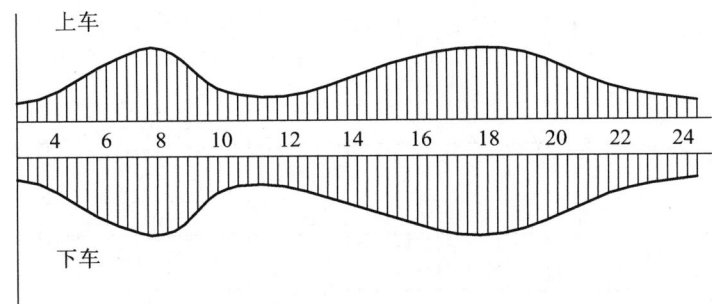

图 4-2　双向峰型

③ 全峰型。

轨道交通线路位于用地已高度开发的交通走廊或车站位于公共建筑和公用设施高度集中的地区时，客流分布无明显的低谷，双向上下车客流全天都很大，如图 4-3 所示。

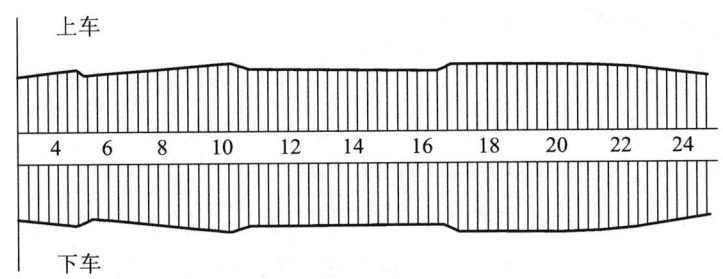

图 4-3　全峰型

④ 突峰型。

车站位于体育场、影剧院等大型公用设施附近，演出或体育比赛结束时有一个持续时间较短的突变的上车高峰。一段时间后，其他部分车站可能有一个突变的下车高峰，如图 4-4 所示。

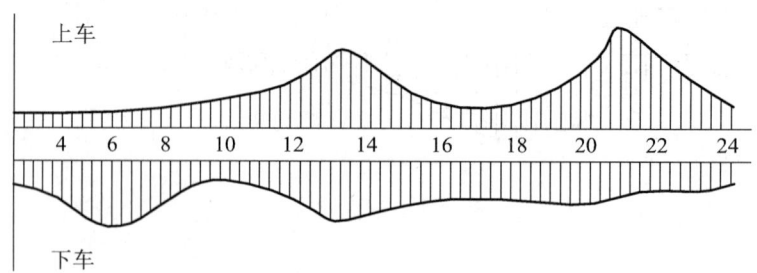

图 4-4　突峰型

⑤ 无峰型。

当轨道交通本身的运能比较小或车站位于用地还没有完全开发的地区时，客流无明显的上下车高峰，双向上下车客流全天都较小，如图 4-5 所示。

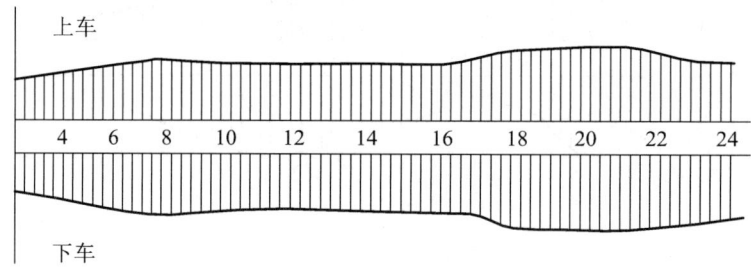

图 4-5　无峰型

轨道交通一日内小时客流随人们的生活节奏和出行特点而变化。通常是夜间少，早晨渐增；上班和上学时达到高峰，午间稍减；傍晚因下班和放学又是高峰，以后逐渐减少，午夜最少。因此，轨道交通一日内小时客流通常是双峰型，这种规律在国内外的轨道交通线路上几乎都是一样，只是程度不同而已。

（4）车站高峰小时客流分布特征。

① 车站客流的进、出站高峰小时出现时间与断面客流的高峰小时出现时间通常不相同。

② 每个车站客流的进出站高峰小时出现时间通常不相同。

③ 同一车站客流的进出站高峰小时出现时间通常不相同。

④ 同一车站工作日客流与双休日客流的进出站高峰小时出现时间通常不相同。

⑤ 工作日高峰小时进出站客流通常大于双休日高峰小时进出站客流。

（5）车站超高峰期客流分布特征。

为了避免因超高峰期内特别集中的客流而影响乘客不能顺畅地进出车站，甚至影响列车的正常运行秩序，在确定车站设备容量或能力时有必要适当考虑车站客流在高峰小时内分布的不均衡性。车站超高峰期的客流强度可用超高峰系数来反映，它是单位时间内的超高峰期平均客流量与高峰小时平均客流量的比值。超高峰系数一般取值为 1.1~1.4。对终点站、换乘站和客流较大的中间站通常取高限值，其余车站则可取低限值。

### 三、客流组织概述

1. 客运组织工作宗旨

城市轨道交通客运组织工作的特点决定了客运组织工作应以保证客流运送的安全，保持客流运送过程的畅通，尽量减少乘客的出行等待时间，防止过分拥挤，并以保证出现紧急情况时能够及时疏散为宗旨。客运组织工作如下：

（1）安全。制定各项安全制度，并严格执行，保证乘客安全乘车。采用先进安全控制系统，定期检查所有的运营设备，保证其工作时处于良好状态。

（2）准时。运营生产各部门相互配合，严格按列车运行图组织工作，确保列车按运行图规定的时间运行。

（3）迅速。提高列车运行速度，缩短列车间隔时间，减少设备的故障，确保乘客快捷到达目的地。

（4）便利。确保导向标志明显，地下通道、出入口与地面公共汽车专线等衔接，方便乘客换乘。

（5）优质服务。客运服务工作人员严格遵守职业规范，礼貌待客，耐心正确地解答乘客询问，主动热情地为乘客服务。

2. 客运组织工作特点

（1）城市轨道交通客运工作的服务对象仅是乘客，不办理行李、包裹及其托运业务。

（2）全日客流分布在时间上有较为明显的高峰（一般为早、晚高峰）和低谷之分，高峰时段客流量集中，时间性强，在空间上又有不同的区间客流分布。针对客流的变动情况，应赋予客运组织工作新的内容。

（3）全年客流分布在时间上按季、月、周或节假日有较大起伏，客运组织工作要预先准备，经常演练，从容应对。

### 3. 客运组织工作原则

城市轨道交通客运组织工作必须坚持集中领导、统一指挥的原则。控制指挥中心负责全线的客流组织工作，各站的客运组织由车站站长或当班值班站长负责。

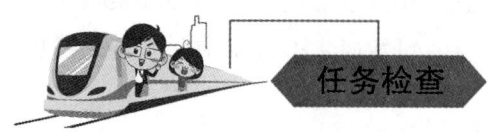

表 4-1 城市轨道交通客流组织认知——任务检查单

| 任务编号 | 4-1 | 任务名称 | 城市轨道交通客流组织认知 | | |
|---|---|---|---|---|---|
| 序号 | | 检查内容 | | 是 | 否 |
| | 阐述不同类型客流概念 | | | | |
| 1 | 阐述客流定义 | | | | |
| 2 | 用图表形式展示多种类型客流概念 | | | | |
| 3 | 分组讨论影响客流的因素 | | | | |
| | 客流预测、调查、分析 | | | | |
| 4 | 阐述客流预测的内容，并举例进行简单客流预测 | | | | |
| 5 | 举例进行简单客流调查分析 | | | | |
| | 阐述客流组织的工作宗旨、特点以及原则 | | | | |
| 6 | 阐述客流组织的工作宗旨、特点 | | | | |
| 7 | 阐述车站客流组织的原则 | | | | |

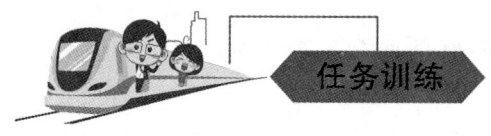

## 一、选择题

1. 定量预测方法有时间序列客流预测方法和（　　）客流预测方法两类。
　　A. 距离远近　　　　B. 客流数量　　　　C. 因果关系　　　　D. 德尔菲法

2. 在分时客流不均衡时，为达到运输组织合理和运营经济性目的，运营部门可考虑采用小编组（　　）的行车组织方式。

　　A. 低密度　　　　　　　　　　B. 高密度

　　C. 大编组　　　　　　　　　　D. 固定编组

3.（　　）是对运输计划期间轨道交通线路客流的规划。

　　A. 客流计划　　　　　　　　　B. 行车计划

　　C. 车辆配备计划　　　　　　　D. 列车交路计划

4. 断面客流量可分为（　　）断面客流量。

　　A. 运行　　　　　　　　　　　B. 上行

　　C. 下行　　　　　　　　　　　D. 步行

　　E. 密度

5. 车站客流日分布曲线类型有（　　）。

　　A. 单向峰型　　　　　　　　　B. 双向峰型

　　C. 全峰型　　　　　　　　　　D. 突峰型

　　E. 无峰型

二、填空题

1. 车站客运组织工作的要求是＿＿＿＿＿、＿＿＿＿＿、＿＿＿＿＿。

2. 客流是指在单位时间内，轨道交通线路上＿＿＿＿＿和＿＿＿＿＿的总和。

3. ＿＿＿＿＿为换乘形式设计和换乘车站间的换乘通道或楼梯宽度的计算提供依据。

4. 全日客流分布在时间上有较为明显的＿＿＿＿＿和＿＿＿＿＿之分。

5. 城市轨道交通客运组织工作必须坚持＿＿＿＿＿、＿＿＿＿＿的原则。

三、判断题

（　　）1. 客运组织工作还应防止过分拥挤，并可以保证出现紧急情况时能够及时疏散。

（　　）2. 全年客流分布在时间上按季、月、周或节假日较为平稳。

（　　）3. 城市轨道交通线路主要是以通勤、通学客流为主。

（　　）4. 工作日高峰小时进出站客流通常小于双休日高峰小时进、出站客流。

（　　）5. 超高峰期是指在高峰小时内存在一个30～60 min的上下车客流特别集中的时间段。

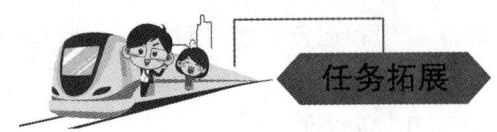

搜集 3 个城市的轨道交通运营公司的客流资料，根据所学知识，对客流进行简单分析，提出相应的客流组织措施，并制作 PPT 进行讲解。

# 任务二　城市轨道交通车站日常客流组织

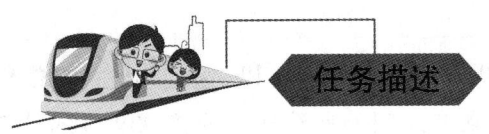

　　城市轨道交通车站的客流主要包括进站客流、出站客流、换乘客流。而乘客乘坐地铁的步骤是进站、购票、进闸、候车、上车、乘车、下车、出闸、出站，因此，车站的进出站客流组织主要围绕这几个环节进行。
　　本任务需要掌握车站日常客流组织。

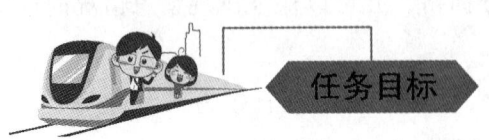

- 能模拟开展进站客流组织；
- 能模拟开展出站客流组织；
- 能模拟开展换乘客流组织。

## 一、进站客流组织

乘客经过车站出入口、楼梯或自动扶梯等,通过通道进入车站站厅非付费区。在自动售票机、客服中心或临时售票亭购票后通过进站检票机检票进入付费区,而持储值票的乘客可直接通过进站检票机检票进入付费区,再通过楼梯或自动扶梯等进入站台层候车。乘客到达站台后,应站在黄色安全线以外候车,不要越过,通过站台的导向标识和乘客资讯系统选择乘车方向和了解列车到发时刻。列车到站停稳开门后,乘客须按先下后上的顺序文明乘车,站台工作人员要注意防止乘客抢上抢下。

1. 进站组织

(1)直观醒目的引导标识可以提高车站吸引乘客的效率,因此,应确保车站各出入口的站外导向标识指引清晰、正确、易懂,能正确地指引乘客找到车站的进站口。

(2)禁止携带气球(宠物)、易燃易爆等危险品、管制物品的乘客进站乘车。

(3)进站客流应结合实际客流情况进行组织,当车站售检票能力能够满足客流需求时,采用正常的客流组织方法,车站出入口全部开放,正常使用。当客流较大时,在出入口、楼梯或通道内根据需要设置分流隔离设施,确保进出站客流相互不干扰、不冲突。

(4)对于经过通道与站厅连接的出入口,当客流较大时,可在通道内进行组织,让乘客排队进入站厅。当客流过大时,需在出入口组织限流,取分批放行或临时关闭出入口的措施;也可在客流较大的出入口设置限流栏杆,延缓乘客的进站速度。

(5)对于与商场、工厂等相连的出入口,应根据客流方向和出行时间等进行组织。当客流较大时,应按双方协定的措施组织客流。

2. 售票组织

(1)进入车站的乘客可以通过购买单程票或刷储值卡进入付费区乘车。

(2)引导乘客到自动售票机前购票,维持乘客购票秩序,并对重点乘客给予关注和适当的帮助。

(3)当排队购票的乘客较多时,可增加临时售票亭,尽可能地分散购票的乘客;同时利用广播宣传和引导,避免大量乘客集中于自动售票机前。

(4)合理利用导流设施,组织乘客能够有序排队购票、充值,并且不影响正常的进出站客流。

（5）当需要乘客排队购票时，可利用隔离栏杆等在站厅客流较少的空间组织乘客排队。

（6）在单程票售票量较大的车站，提前做好准备工作，将自动售票机的票箱加满，发售预制单程票，并利用闲暇时间填补票箱，进而提高客流高峰期乘客购票的速度。

3．进闸组织

（1）乘客持购买的单程票或储值卡需在自动检票机上进行检票，经过检票闸机查验车票有效后方可进入付费区。

（2）主动引导、协助乘客进闸，尤其是对初次使用票卡进闸的乘客，不仅要协助他们使用票卡，还需提示乘客要在检票机正常显示绿色箭头的情况下刷卡进闸。

（3）对携带大件行李及乘坐轮椅的乘客，应引导其由宽通道闸机进入付费区。

（4）乘客刷卡进站时，应指引乘客右手持卡（单程票），站在闸机通道外，按顺序排队刷卡进站。

（5）对于无票乘客，引导其至自动售票机或半自动售票机前先购票，再检票进闸。

（6）大量乘客进闸时，车站需组织乘客有序进闸，避免与出站客流发生交叉。

（7）对于携带免票儿童的乘客，为防止闸机伤到小孩，应引导儿童走在大人前面通过闸机或让大人将儿童抱起通过闸机。

（8）车站根据进出站实际客流情况，可视需要调整双向检票机的方向，保证出站客流优先；同时也应尽量减少进出站客流的交叉，提高客流组织效率。

4．候车组织

（1）乘客进入付费区后，根据导向标识、告示、隔离栏杆等能够快速进入站台层候车。

（2）站台设置的导向标识和乘客信息显示系统能够指引乘客正确地选择乘车方向，并了解列车到站时间。

（3）为确保站台乘客候车的安全，应组织乘客在安全区域候车，重点留意老人、小孩。

（4）发现乘客在站台追逐打闹、奔跑等危险行为，应及时制止。

（5）没有安全门的车站，引导、组织乘客站在黄色安全线以内候车，以免发生危险。

（6）在列车到站之前，车站工作人员需引导乘客按箭头方向排队。

（7）站台工作人员应疏导聚集在一端的乘客到排队较少的位置均匀候车，并提醒乘客不要倚靠安全门。

（8）加强站台巡视，注意候车乘客动态，发现有可疑情况或携带危险品的乘客，必须及时上报处理。

（9）对于楼梯边缘与站台边缘较近的区域，尽量疏导乘客不要在此处滞留，以保证足够的通行空间，防止意外事件的发生。

（10）当有乘客或物品掉入轨行区时，应及时安抚乘客，阻止乘客跳下站台捡拾物品，经报告行车调度员同意后使用专用工具（拾物钳）将物品捡起后交给乘客。

5．乘车组织

（1）乘客乘降时，站台工作人员应提醒乘客先下后上，注意安全，将下车的乘客及时疏导出站。

（2）列车关门时，站台工作人员应及时阻止乘客抢上抢下，防止车门、安全门夹伤乘客或造成列车晚点，并及时处理突发事件。

（3）列车关闭车门、安全门后，要观察其关闭状况。

（4）若有乘客或物品被车门夹住，车门、安全门未正常关闭时，应呼叫司机，重新开启车门、安全门后，将乘客所夹物品取出。

（5）列车在出站过程中，若发现异常危及行车安全时，站台工作人员应立即按压紧急停车按钮，呼叫司机并报车控室。

6．注意事项

（1）确保本站各出入口的内外导向标识指引清晰、正确、易懂，若地面导向标识损坏、指示错误或不清晰，应及时更换。

（2）水浸出入口时，关停出入口处的电扶梯，并在出入口放置木板、沙袋等，并通知保洁人员及时清扫积水，在有积水处放置"小心地滑"的告示牌。

（3）遇乘客询问如何乘车或车站工作人员发现有不明确乘车程序的乘客，应主动、耐心地给予解答。

（4）如乘客不会使用自动售票机，车站工作人员应主动带乘客到自动售票机前，详细示范给乘客看，帮其购买车票，并指引其进站。尤其是应给予老人、小孩等特殊乘客积极主动的服务。

（5）因自动售票机状态不良而导致乘客无法正常购票时，厅巡应立即挂"暂停服务"牌，并请乘客换一台状态良好的自动售票机进行购票，同时报车控室设备故障。

（6）售票员严格执行"一收、二唱、三操作、四找零"的程序进行售票工作。

（7）若因票款不符而与乘客发生纠纷时，车站工作人员应向乘客解释，如果确实有误，应立刻把钱退还给乘客，并给予乘客合理的交代。

（8）发现违规使用票卡的乘客，可按车站规定处以罚款，必要时可请公安配合工作。

（9）遇残疾人下楼梯时，车站在有条件的情况下，工作人员应及时安排并帮助残疾乘客使用残疾人专用电梯。

（10）发现乘客摔伤，车站工作人员应将其搀扶到车控室进行简单处理，若乘客伤势较重，应立即报120急救中心，并通知其家人。

（11）加强站台安全宣传，防止乘客站在黄色安全线边缘或蹲姿候车。

（12）当站台发现老人、小孩或身体不适的乘客候车时，应重点留意并指引他们到座位上等候，必要时立即通知车控室处理。若发现有精神异常的乘客，应留意他们的动态，并立即通知车控室，同时加强维持站台秩序。

（13）遇列车晚点，延误乘客时间，应立即采取措施，通知各岗位列车晚点，做好对乘客的解释工作，并用标准广播，向乘客播放相关票务政策，为乘客提供全面的服务让乘客满意。

（14）列车运行过程中，司机要加强瞭望，发现紧急情况应立即采取措施。

（15）乘客被车门夹住，应及时安慰乘客，认真听取乘客叙述事情经过，分析原因。如因乘客抢上抢下被夹，应向其说明有关注意事项；若是地铁原因造成乘客被夹，应向其表示歉意。乘客被夹伤时，应通知保险公司，按有关规定处理。

## 二、出站客流组织

### 1. 下车引导

（1）及时疏散下车的乘客，组织引导其经楼梯或自动扶梯等设施进入站厅层付费区，避免乘客在站台上逗留时间过长。

（2）列车开门后站台工作人员应引导乘客在规定的时间内有序上下车，对于下错车的乘客应正确引导其再次乘车。

（3）对于需要换乘的乘客，应耐心引导换乘。

### 2. 出闸组织

（1）主动引导、协助乘客出闸，对于持票出不了闸的乘客，要引导乘客到售票问讯处对车票进行有关的处理再出闸。

（2）对无票乘客，要解释相关票务政策，进行乘客事务处理后再出闸。

（3）对携带大件行李及乘坐轮椅的乘客，引导其由特殊通道离开付费区。

（4）站厅付费区设有导向标识，付费区出站导向标识提示各出入口周边建筑设施、道路信息，乘客根据出站指引导向标识，选择正确的出闸方向通过出站检票机验票出闸。

（5）当乘客使用储值票时，指导乘客右手持卡，在检票机通道外刷卡出闸；当乘客使用单程票时，指导乘客右手持票，将车票投入回收口，验票通过闸机。

（6）当大量乘客集中出闸时，要组织乘客有序出闸，必要时可采用限流措施减缓出站速度，避免多人争抢出闸造成卡票、误刷卡等情况。

（7）对进闸客流与出闸客流共用区域的车站，应减小进闸客流对出站客流的负面影响，优先确保出站客流的迅速疏散。

（8）当乘客不能正常出闸时，组织引导车票车资不足、无效车票或无票乘车的乘客到票亭办理相关乘客事务，待乘客办理完毕后方可组织出闸。

3．出站组织

（1）出站乘客通过出站检票机（单程票出闸时将被收回）进入站厅层非付费区后，通过导向标识找到相应的出入口，经通道、出入口出站。

（2）票卡车资不足（无效车票）或无票乘车的乘客须到客服中心办理相关乘客事务处理后，方可出站。

（3）发现有乘客在地铁站滞留时，应及时问清乘客滞留的原因，礼貌地请乘客尽快出站，以维护车站正常的运营秩序。

（4）车站工作人员须定期巡视检查，发现通道及出入口有摆摊、宣传、卖艺等人员时及时驱赶出车站，若不听劝阻者报告地铁执法部门或车站公安。

4．注意事项

（1）站台岗工作人员应通过广播进行安全宣传工作，尤其要关注老人乘客和儿童乘客。

（2）车站厅巡应及时、主动地安排并帮助上楼的残疾乘客乘坐残疾人专用电梯。

（3）站台岗工作人员应及时疏散站台上的乘客，若发现逗留在站台不出站的乘客，应主动询问情况后礼貌地引导其尽快出站。

（4）发现无票的超高儿童或故意逃票的成年人，应立即制止，并按地铁票务政策规定，请乘客补票或按有关规定进行罚款。

（5）对携带大件物品且不便出闸的乘客，厅巡应给予协助，必要时为乘客打开边门。

（6）若发现乘客卡票，应查看检票机状态，找到票卡后，确认车票是否为该乘客的，并做好相应的解释工作。

（7）发现持票卡出不了站的乘客，应及时赶到现场，请乘客按规定办理补票手续。

## 三、换乘客流组织

1．换乘地点

按照换乘地点的不同，客流换乘形式主要有两种，即付费区换乘和非付费区换乘。

（1）付费区换乘。乘客到达换乘站下车后，不需通过出站闸机，直接在付费区内根据换乘导向标识指引经楼梯、自动扶梯（或垂直电梯）、换乘通道或平台到达另一站台层换乘候车。付费区换乘一般包括同站台平面换乘、站台立体换乘及通道换乘。这种换乘组织要求有良好的引导标识和通道设计，在容易走错方向的地点安排工作人员值守引导，保证乘客尤其是初乘者安全顺利地完成换乘。

（2）非付费区换乘。乘客到达换乘站下车后，根据换乘导向标识指引，经楼梯、自动扶梯（或垂直电梯）到达站厅层付费区，通过出站闸机进入非付费区或出站，到另一线路重新进入付费区或进站进行换乘。这种换乘组织需要最大限度缩短乘客的走行距离，具有良好的衔接引导标识，并且要避免换乘客流与其他进出站客流的交叉干扰。

2. 换乘方式

换乘方式首先取决于轨道交通两条线路的走向和相互交织形式。一般常见的有垂直交叉、斜交、平行交织等多种线路交织形式。轨道交通不同线路间的换乘方式主要有站台直接换乘、站厅换乘、通道换乘、站外换乘和组合式换乘几种类型。

（1）站台换乘客流组织。

站台换乘有两种方式：同站台换乘和上下层站台换乘。其主要特点是：换乘距离短，可实现扶梯换乘，车站站台层扶梯组数较多时，占用纵向空间比较大，但服务水平高，换乘功能好。当两线运能不能满足运量时，站台可能存在客流堆积现象，易引发运营安全问题。在事故状态下，为减小对另一条线路的影响，需要采取严格的防灾安全措施。

（2）站厅换乘。站厅换乘一般用于相交车站的换乘。设置两线或多线的共用站厅，或相互连通形成统一的换乘大厅。乘客下车后，无论是出站还是换乘，都必须经过站厅，再根据导向标识出站或进入另一个站台继续乘车。由于下车客流到站厅分流，减少了站台上人流交织，乘客行进速度快，在站台上的滞留时间减少，但换乘距离比站台直接换乘要长。若换乘过程中需要进出收费区，检票口的能力可能成为限制因素。

站厅换乘方式中，乘客换乘线路必须先上（或下），再下（或上），换乘总高度落差大。若是站台与站厅之间是自动扶梯连接，可改善换乘条件。这种换乘方式有利于各条线路分期修建，后期形成。

（3）通道换乘。通道换乘是指在两个或几个单独设置车站之间设置联络通道等换乘设施，以方便乘客完成换乘。通道可直接连接两个站台，这种方式换乘距离较近，换乘时间较短；通道还可连接两个站厅收费区，换乘距离相对较远，换乘时间较长。一般情况下，换乘通道长度不宜超过 100 m，换乘通道的宽度可根据客流状况加宽。这种换乘方式最有利于两条线路工程分期实施，预留工程最少，后期线路位置调节有较大的灵活性。

（4）站外换乘。站外换乘指乘客在车站付费区以外进行换乘。这种换乘方式往往是客观条件不允许或设计不当造成的。乘客换乘路线可分割为出站行走、站外行走和进站行走。在所有换乘方式中，站外换乘所需的换乘时间和换乘距离最长，给乘客的换乘带来很大不便，应尽量避免。对轨道交通线路自身而言，站外换乘是缺乏线网规划造成的一种后遗症。

（5）组合式换乘。在换乘方式的实际应用中，往往采用两种或几种换乘方式组合，以便使所有换乘方向的乘客均能实现换乘。同时，组合式换乘可改善换乘条件，方便乘客的使用。例如，同站台换乘方式辅以站厅或通道换乘方式，可使所有的换乘方向都能换乘；站厅换乘方式辅以通道换乘方式，可以减少预留的工程量；组合式换乘可进一步提升换乘通过能力，同时还具有比较大的灵活性，工程实施比较方便。

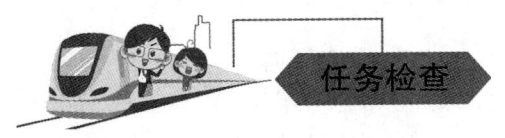

表 4-2 城市轨道交通进站客流组织——任务检查单

| 任务编号 | 4-2 | 任务名称 | 城市轨道交通进站客流组织 | | |
|---|---|---|---|---|---|
| 序号 | | 检查内容 | | 是 | 否 |
| | | 模拟开展进站客流组织 | | | |
| 1 | 小组模拟开展进站组织，并进行进站服务 | | | | |
| 2 | 小组模拟开展售票组织，自行设置场景演示售票服务 | | | | |
| 3 | 模拟开展进闸组织 | | | | |
| 4 | 演示候车组织措施 | | | | |
| 5 | 模拟开展乘车组织 | | | | |

表 4-3 城市轨道交通出站和换乘客流组织——任务检查单

| 任务编号 | 4-3 | 任务名称 | 城市轨道交通出站和换乘客流组织 | | |
|---|---|---|---|---|---|
| 序号 | | 检查内容 | | 是 | 否 |
| | | 模拟开展出站客流组织 | | | |
| 1 | 小组演示下车引导乘客 | | | | |
| 2 | 模拟开展出闸组织 | | | | |
| 3 | 演示出站组织措施 | | | | |
| | | 模拟开展换乘客流组织 | | | |
| 4 | 小组演示站台换乘组织 | | | | |
| 5 | 小组演示站厅换乘组织 | | | | |
| 6 | 小组演示通道换乘组织 | | | | |

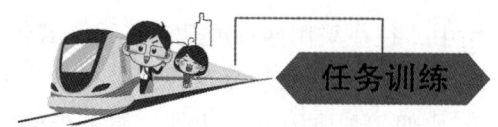

## 一、选择题

1. 从乘客进站到上车、下车、出站，这几个环节的服务应该是以售检票和（　　）为中心的。
   A. 安全检查　　B. 车辆维护　　C. 乘客导向　　D. 乘客

2. 车站日常客流组织主要由进站客流组织、出站客流组织、（　　）三部分组成。
   A. 换乘客流组织　　　　　　B. 大客流组织
   C. 突发客流组织　　　　　　D. 疏散客流组织

3. 一等站高峰小时进出站总客流量在（　　）。
   A. 3万人次以上　　　　　　B. 2万～3万人次
   C. 1万～2万人次　　　　　　D. 1万人次以下

4. 车站客运组织工作的要求包括（　　）等。
   A. 站容整洁　　　　　　　　B. 导向标识完善
   C. 服务质量第一　　　　　　D. 安全准时
   E. 掌握客流变化

5. 车站根据进出站实际客流情况，可视需要调整双向检票机的方向，保证（　　）优先。
   A. 出站客流　　B. 进站客流　　C. 换乘客流　　D. 突发客流

## 二、填空题

1. 进站乘客最基本的流线是_____—_____—_____—_____。
2. 车站日常客流组织主要由_____、_____、_____三部分组成。
3. 合理利用导流设施，组织乘客能够有序排队购票、充值，并且不影响_____。
4. 发现有精神异常的乘客，应_____，立即通知_____，同时加强_____。
5. 发现无票的超高儿童或故意逃票的成年人，应_____，并按地铁票务政策规定，请乘客_____或按有关规定进行罚款。

## 三、判断题

（　　）1. 在一定的客流量情况下，采用缩短行车间隔时间，而不增加列车编组辆数的办法也能达到一定的运能。

（　　）2. 一般情况下，换乘通道长度不宜超过 50 m。

（　　）3. 对携带大件物品且不便出闸的乘客，厅巡应给予协助，必要时为乘客打开边门。

（　　）4. 发现乘客摔伤，车站工作人员应将其搀扶到车控室进行简单处理。

（　　）5. 主动引导、协助乘客进闸，尤其是对初次使用票卡进闸的乘客，需催促一下。

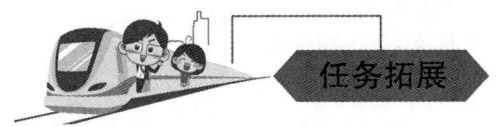

以重庆轨道为例，查阅相关数据和资料，分析如何优化换乘站客流组织，并制作PPT进行讲解。

## 任务三　城市轨道交通车站大客流组织

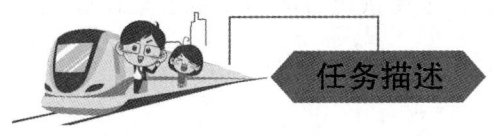

城市轨道交通线路的走向一般都是沿客流集中的交通走廊，并连接重要的客流集散点，如客运站、航空港、商业中心、体育场、会展中心等重要交通枢纽、活动中心及规模较大的住宅区等。故在某些特殊时期车站会遇到大客流，而大客流会给乘客的出行带来不利影响，对运营的安全造成较大威胁。因此，为了保证乘客的安全和正常的运营秩序，在大客流的情况下，车站应具备完善的组织方案和控制措施，合理安排人员，对乘客做好疏导、宣传工作，并会同公安人员对大客流进行控制，补救硬件设备的缺陷。

本任务将学习车站大客流组织办法。

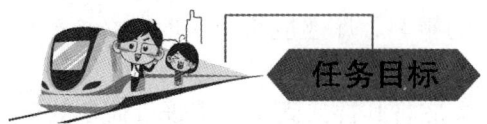

- 能阐述大客流的定义、分类、特点；
- 能利用车站客运设施设备提前进行组织准备；
- 能设计图表完整准确地表达大客流控制措施；
- 能利用所学办法模拟开展大客流组织。

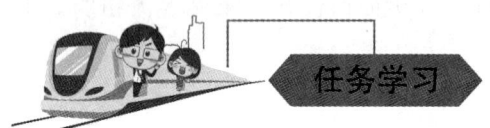

## 一、大客流

城市轨道交通线路通常连接着重要的客流集散点，如铁路车站、汽车客运站、航空港、航运港等交通枢纽，大型商业中心、体育场、大剧院等重要文体活动中心，以及规模较大的住宅区等。故某些特殊车站会不定期遇到大客流，为了保证乘客的安全和正常的运营秩序，这些车站在客流组织方面应备有完善的运营组织方案和措施。因为一定程度上合理的客运组织措施能补救硬件设施的缺陷。

### （一）大客流的定义

大客流是指车站在某一时段集中到达的、客流量超过车站正常客运设施或客运组织措施所能承担的流量时的客流。

### （二）大客流的分类

1. 根据大客流产生的影响和后果分类

根据大客流产生的影响和后果可分为一级大客流、二级大客流和三级大客流三类。

（1）一级大客流。

当站台出现乘客拥挤，须在站厅的扶梯口控制乘客到站台，并将扶梯全部设置为向站厅方向，缓解站台乘客候车压力时，为一级大客流。

（2）二级大客流。

站台和站厅付费区乘客比较多，须关闭部分自动售票机、进站检票机，同时在进站检票机处控制进入付费区乘客时，为二级大客流。

（3）三级大客流。

当站台、站厅付费区和非付费区的乘客较多，须在出入口采取分批限量进站、只出不进或关闭出入口时，为三级大客流。

2. 按照客流的时效性分类

按照客流的时效性可分为可预见性大客流、突发性大客流、节假日大客流、暑期大客流、大型活动大客流和恶劣天气大客流等。

（1）可预见性大客流。

当发生可预见性大客流时，车站应合理安排人员，对客流做好疏导和组织工作，并会同地铁公安部门对客流进行控制。客流控制应坚持"由内至外，由下至上"的原则，在车站出入口、进站检票机、站厅与站台的楼梯、电扶梯处进行重点控制。

（2）突发性大客流。

当发生天气突变、地铁延误或车站发生大面积停电、车站附近举行临时性大型活动等情况时，就会发生大客流。这种大客流的发生缺乏规律性，不可预见，其时间与规模都无法进行事前预测。所以，当发生突发性大客流时，车站需要及时查明原因，了解清楚产生大客流的规模和可能持续的时间，及时组织工作人员维持秩序并做好宣传工作。如车站工作人员仍无法应付，站长或值班站长应及时组织总部驻站各部门员工参与控制客流，同时通知公安，向行调及领导报告，请求组织机动人员支援。

（3）节假日大客流。

节假日大客流主要指在国家法定的春节、国庆节等假期期间市民出行及游客旅游等造成全线各站客流普遍大幅上升。节假日大客流主要由购物休闲、旅游观光和返乡探亲等乘客构成，一般发生时会造成全线客流普遍激增，尤其对火车站等交通枢纽或中心商业区附近的车站影响极大。这类客流中购买单程票和初次乘坐地铁的乘客居多。

五一等假期短的节假日期间，游客不会对客流变化产生太大影响，主要是市民出行、购物会造成位于商业区附近的车站产生较大的客流，同时其他车站的客流也会比平时有所增加，从而造成列车比较拥挤。

春节假期较长，春节期间的客流相对比较稳定，不会对车站造成太大的影响。但节前节后返乡探亲的客流对与火车站、交通枢纽相连较近的车站造成的冲击比较大。

国庆节出行的大都是旅游的游客，大批的游客以及市民的出行购物、休闲等会使车站的客流大幅度上升，对位于商业区或旅游景点附近的车站客流冲击比较大。

（4）暑期大客流。

暑期大客流主要由购物休闲、旅游观光和放暑假的学生等乘客构成，造成每年七八月各站客流较平时有明显增加，而大客流高峰时段一般集中在每日的 8:00—16:00。

（5）大型活动大客流。

大型活动大客流主要指由于车站周边分布的体育馆等大型活动场所举行活动，待活动结束以后，会有大量乘客进站乘车，造成车站客流迅速增加。大型活动大客流主要由购物休闲的乘客构成。其特点是在特定时间段客流会显著增加，大型活动通常在周末举行，因大客流发生的时间和规模大多可预见，且一般持续时间较短，影响范围有限，通常只对该活动地点附近所在车站影响较大。

（6）恶劣天气大客流。

恶劣天气大客流主要指由于酷暑、台风、雨雪等恶劣天气，对地面交通造成影响，迫使较多的市民乘坐地铁或进入地铁车站避雨，造成地铁各个车站客流比平时有所上升，且上下车困难，车内也比较拥挤。

（7）上下班高峰大客流。

此客流具有一定的规律性，也最为普遍，通常发生在每天早晚上下班的高峰时段，一般离办公区、住宅区距离较近的车站受其影响较大。

## 二、客运设施设备准备

1. 售检票设备的准备

在大客流发生前，设备维护人员应对车站的自动售检票设备进行维护、检修，以确保在大客流期间自动售检票设备能够正常使用。

2. 车票和零钞的准备

车站可根据原始数据和大客流产生的原因判断须使用的票卡和零钞，并在大客流发生前，向票务部门申领和储备足够的票卡和零钞。

3. 临时售票亭的准备

车站根据本站实际情况，按大客流的进出方向，选择在进站客流较集中的位置设置临时售票亭。若车站站厅面积较小，可考虑将临时售票亭设置在进站客流较多的通道内。

#### 4. 自动扶梯和垂直电梯的准备

车站须在大客流前对车站全部的自动扶梯和垂直电梯进行维护、检修，以确保在组织大客流时，自动扶梯和垂直电梯能够正常开启和转换。

#### 5. 临时导向标识和隔离设备的准备

车站须事先准备一些临时导向标识、告示牌和铁马、伸缩铁围栏、隔离带等隔离设备，在大客流发生前，车站根据大客流的方向和客流组织的具体要求，选择适当的位置张贴或摆放。

#### 6. 其他客运设备设施的准备

大客流发生前，车站还须准备广播、乘客信息系统发布信息和急救药品及担架等，并根据车站工作人员的增加情况，相应增加手提广播、对讲机等客运设备。

### 三、大客流控制措施

#### 1. 控制原则

（1）"由下至上、由内至外"的客流控制原则。在车站出入口、进站闸机、楼梯、自动扶梯处，重点控制进站客流，组织乘客上车，保证客流均匀上下扶梯，尽快上下列车，保证站台候车的安全。

（2）明确客流控制组织机构的分工原则。客流控制分点控和线控，控制指挥中心负责城市轨道交通全线的客流控制，车站站长或值班站长负责本站的客流控制。

（3）坚持"集中领导、统一指挥"的原则。在实施大客流控制之前，车站站长或值班站长须向行车调度员报告。

#### 2. 具体措施

根据各城市轨道运营单位的具体情况，制定大客流控制的具体措施，以保证控制客流的顺利实施。具体内容包括：

（1）增加列车运能。可根据预测客流量，提前编制针对大客流的特殊情况下的列车运行图，从运能上保证大客流的运营组织。在大客流发生时，根据大客流的方向，利用就近的折返线、存车线组织列车运行方案增开临时列车，从而保证大客流的疏散。增加列车的运能是大客流组织的关键。

（2）增加售检票能力。售检票能力是大客流疏散的主要障碍，车站在设置售检票位置时应考虑提供疏散大客流的通道。当可预见大客流情况发生时，可事先做好相应的票务服务准备工作。

① 售检票设备的准备。在大客流发生前，设备维护人员应事先对车站全部售检票设备进行维护、检修，确保在大客流发生时售检票设备能正常使用。

② 车票和零钞的准备。车站应根据客流预测和以往大客流所消耗的车票及零钞数，在大客流发生前，向票务部门申领和储备充足的车票和零钞。

③ 临时售票厅的准备。车站根据大客流的进出方向，选择在进站客流较集中的位置设置临时售票亭。

（3）做好进站客流组织工作。可根据站台是否还能容纳和承受更大的客流，分两种情况来进行进站客流组织工作。

① 当站台还能容纳和承受更大客流时，可采取以下措施：

a. 增加售检票能力。准备好足够的车票、零钞；在地面、站厅增设临时售票点，增设临时售检票位置或增加自动售票设备的投入。

b. 加开进站方向的闸机。

c. 加开通往站台方向的扶手电梯。

d. 适当延长列车停站时间。在站台上做好乘客上下车的引导工作，在保障安全的前提下，争取让更多的乘客上车，增加本次列车的运能。

② 当站台不能容纳和承受更大客流时，可采取以下措施：

a. 暂停或减缓售票速度，关闭部分自动售票机。

b. 暂时关闭局部或全部进站方向闸机。

c. 更改扶手电梯方向，将部分或全部扶手电梯调整为向站厅层及出入口方向运行，延缓乘客进站速度。

d. 适当延长列车停站时间，尽可能让更多乘客上车。

e. 采取进出分流导向措施，将部分出入口设置成只能出不能进，限制乘客进入，延长站台层大客流的疏散时间。可在公安人员的配合下关闭出入口，暂停客运服务，安排人员到出入口做好乘客服务解释工作，并张贴车站关闭的通告。

（4）做好出站客流组织工作。出站客流组织工作的指导思想是保证乘客出站线路的畅通，加快出站速度，使其安全、快速、有序地离开车站。站务人员可采取以下措施：

① 更改扶手电梯方向，将部分或全部扶手电梯方向调整为向站厅层及出口方向运行。

② 将部分或全部进站闸机更改为出站闸机。

③ 紧急情况时，可采取票务应急处理模式，如采用进站免检模式、AFC 紧急放行模式等。

（5）采取临时疏导措施。在大客流组织中，临时合理的疏导是一项很重要的组织措施。临时疏导主要包括车站出入口、站厅层的疏导，电动扶梯以及站台层的疏导。车站出入口、站厅层的疏导主要是根据临时售检票位置的设置，引导、限制客流的方向。临时售检票位置宜设置在站外、站厅层较空旷的位置，应为排队购票的乘客留出充分的空间，以确保通道的畅通和维护好出入口、站厅客流的秩序。电动扶梯以及站台层的疏导主要是为了尽量保证客流均匀上下扶梯和尽快上下列车，保证站台候车的安全。站务人员应在靠近楼梯、扶梯处站岗并分散在站台前、中、后部疏导乘客，采取的疏导措施主要有设置临时导向标志、设置警戒绳或隔离栏杆、采用人工引导及通过广播宣传引导等。

（6）特大客流应急措施。当车站遭遇特大客流时，应遵循由下至上、由内至外的人流控制原则。采取站台客流控制、站厅付费区客流控制、出入口（站厅非付费区）客流控制三级客流控制方法。

3. 应急预案

各城市轨道交通运营企业制订的大客流组织应急预案各不相同，大致内容及程序如下：

（1）值班站长及时报告行车调度员，行车调度员通过监控系统加强对车站客流情况的监控。

（2）车站应加强现场的疏导工作，增加工作人员，利用隔离带、铁马等做好秩序维护和服务组织工作。

（3）车站应在适当位置增设临时售票点，出售预制票，避免 TVM 机前乘客排长队购票的情况出现。

（4）车站根据现场情况，利用告示牌、临时导向标志、车站控制室广播设备、手提广播，适时做好乘客的宣传、引导工作。

（5）车站行车值班员应通过监控系统，加强对现场情况的监控工作。

（6）车站应加强对出入口、站厅、站台客流的监控及疏导，避免站厅非付费区人员过度拥挤或流通不畅。

（7）车站应根据客流情况，实行楼梯和自动扶梯、闸机、出入口三级控制。

（8）当站台发生拥挤时，车站应采取关闭部分自动售票机、进站闸机的措施，以减缓乘客购票进站速度，控制进站客流；或在某些出入口实行单向疏导方式，缓解站内客流压力。

（9）站台保安应密切注意站台和列车情况，一旦发生列车上乘客拥挤，乘客上车有困难时，车站应立即向控制指挥中心请求加开列车。

（10）列车司机发现有乘客上不了车或影响车门、屏蔽门关闭时，应及时报告行车调度员，并通过广播引导乘客有序上车。

 任务检查

表4-4　城市轨道交通车站大客流组织——任务检查单

| 任务编号 | 4-4 | 任务名称 | 城市轨道交通车站大客流组织 | | |
|---|---|---|---|---|---|
| 序号 | 检查内容 | | | 是 | 否 |
| | 阐述大客流的定义、分类、特点 | | | | |
| 1 | 阐述大客流定义 | | | | |
| 2 | 对比分析多种类型大客流 | | | | |
| 3 | 归纳总结各类型大客流的特点 | | | | |
| | 客运设备设施准备 | | | | |
| 4 | 模拟演示客运设备设施准备工作 | | | | |
| | 大客流控制措施 | | | | |
| 5 | 分组归纳总结控制措施 | | | | |
| 6 | 设计图表，完整准确地表达大客流控制措施 | | | | |
| | 大客流组织办法 | | | | |
| 7 | 阐述大客流组织办法 | | | | |
| 8 | 分岗位模拟开展大客流组织 | | | | |

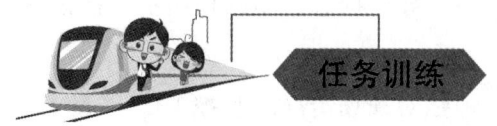 任务训练

一、选择题

1. 一级大客流的判定标准是：站台聚集人数达到或大于站台有效区域的（　　），并且持续时间大于实际行车间隔时间。

　　A. 90%　　　　　B. 80%　　　　　C. 70%　　　　　D. 60%

2. 大客流的控制原则是（　　）。

　　A. 由下至上、由外至内　　　　　B. 由上至下、由内至外

　　C. 由上至下、由外至内　　　　　D. 由下至上、由内至外

3. 从乘客进站到上车、下车、出站，这几个环节的服务应该是以售检票和（　　）为中心的。

　　A. 安全检查　　B. 车辆维护　　　C. 乘客导向　　　D. 乘客

4. 突发大客流时，在车站出入口、进站闸机、楼梯、自动扶梯处，重点控制（　　）。
   A. 出站客流　　　B. 进站客流　　　C. 换乘客流　　　D. 突发客流
5. （　　）负责城市轨道交通全线的客流控制。
   A. 控制指挥中心　　　　　　　　B. 调度室
   C. 票务室　　　　　　　　　　　D. 安检处

## 二、填空题

1. 根据大客流产生的影响和后果不同，可分为_____和_____。
2. 车站须事先准备一些_____、_____、伸缩铁围栏、_____等隔离设备。
3. _____主要由购物休闲、旅游观光和返乡探亲等乘客构成，一般发生时会造成全线客流普遍激增，尤其对火车站等交通枢纽或中心商业区附近的车站影响极大，这类客流中_____和_____的乘客居多。
4. 在大客流发生前，设备维护人员应该对车站的自动售检票设备进行_____、_____，以确保在大客流时期自动售检票设备能够正常使用。
5. 车站应在适当位置增设_____，出售_____，避免 TVM 机前乘客排长队购票的情况出现。

## 三、判断题

（　　）1. 车站应加强对出入口、站厅、站台客流的监控及疏导，避免站厅非付费区人员过度拥挤或流通不畅。
（　　）2. 列车司机发现有乘客上不了车或影响车门、屏蔽门关闭时，应勒令乘客下车。
（　　）3. 突发大客流时，站务人员可将部分或全部进站闸机更改为出站闸机。
（　　）4. 当站台、站厅付费区和非付费区的乘客较多，须在出入口采取分批限量进站、只出不进或关闭出入口时，为一级大客流。
（　　）5. 当发生突发性大客流时，车站需要及时查明原因，了解清楚产生大客流的规模和可能持续的时间，及时组织工作人员维持秩序并做好宣传工作。

**任务拓展**

请以重庆轨道 3 号线两路口车站为例，分析应对车站大客流有效措施，并制作 PPT 进行讲解。

# 任务四　非正常情况下的车站客流组织

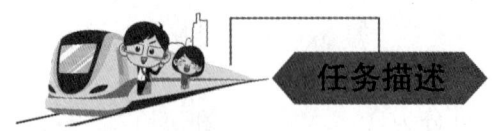

非正常情况是指在没有任何征兆的前提下，在城市轨道交通车站内、列车上或是其他设施设备内突然发生的危及人身安全的情况，比如发生恐怖袭击、设备故障引起的火灾、地震、大面积停电、爆炸等事件。这些情况发生时在车站或列车上的客流被称为非正常情况下的客流。由于城市轨道交通车站一般都处在地下或高架桥的半封闭空间里，隐蔽性很强，人员和设施设备高度密集，一旦发生火灾、地震等特殊情况，人员的疏散和救援组织工作难度较大，处置不当将会产生巨大的损失。因此，车站应根据本站的具体情况制定科学、合理的非正常情况下的客流组织预案，在预案中明确各岗位的岗位职责及具体工作内容，以便站务工作人员能及时有效地采取各种客流组织措施迅速疏散客流，将事故造成的损失降到最低。

本任务我们将学习非正常情况下的客流组织办法。

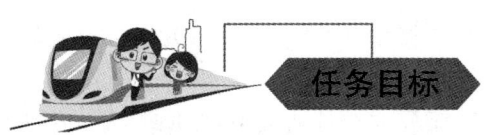

- 能根据实际情况模拟进行乘客疏散工作；
- 能根据实际情况模拟进行乘客清客工作；
- 能根据实际情况模拟进行乘客隔离工作。

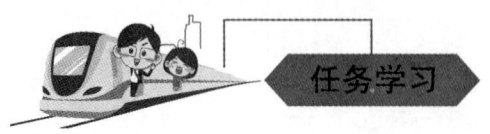

在非正常情况下，车站可根据实际情况采用不同的客流组织方式对乘客进行疏导，主要有疏散、清客、隔离3种办法。

## 一、疏　散

疏散是指在紧急情况发生时，城市轨道交通工作人员利用一切通道和出入口迅速将乘客从危险区域全部转移到安全区域。疏散组织办法按照疏散地点可分为车站疏散组织办法和隧道疏散组织办法。

车站疏散需要轨道交通运营企业各个部门的高度配合，力争在最短的时间内完成客流的转移。城市轨道交通运营企业的每位员工都应充分了解自己的岗位职责及作业程序，只有这样才能保证在突发事件发生时疏散工作井然有序，乘客得到安全、快速的转移。车站各岗位人员的工作内容及程序见表4-5。

表4-5　车站疏散工作内容及程序

| 负责人员 | 具体行动 | 备　注 |
| --- | --- | --- |
| 值班站长 | ① 接到紧急情况的报告后，迅速派站务员赶往现场确认，并调查事故原因<br>② 在上级领导未到达前担任现场临时指挥，通知所有车站工作人员执行车站紧急疏散程序<br>③ 通知地铁公安到场维持秩序<br>④ 现场组织疏散乘客，指挥车站各岗位实行车站疏散组织预案，将乘客安全撤离车站，协助有困难乘客和受伤乘客<br>⑤ 乘客疏散完毕后，检查站内是否还有乘客滞留，并关闭出入口 | 当乘客被困在站台时，应要求行车调度员安排一列空车前往，并安排工作人员安抚乘客，维持站台秩序；当危及车站员工及其他人员安全时，应组织员工通过紧急出入口到安全区域集合；当需要公安、消防或急救等外部力量支援时，应安排一名站务员或保安到紧急出入口引导支援人员进入车站 |
| 行车值班员 | ① 上报行车调度员疏散的原因、是否影响列车运行、是否需要支援<br>② 通知地铁公安到场维持秩序<br>③ 按下自动售检票（AFC）系统紧急按钮，使自动检票机处于常开状态，并将自动售票机设置为暂停服务状态<br>④ 通过乘客资讯显示系统播放疏散广播，尽量不要引起乘客的恐慌<br>⑤ 向站长及相关部门领导通报有关情况 | 视情况致电119、120，请求支援。需要时，开启相应环控模式。有危险时，带好手台等通信工具迅速撤离车控室到安全地点集合 |
| 客运值班员 | ① 协助行车值班员操作相关环控设备<br>② 组织疏散乘客及其他人员<br>③ 听从值班站长的安排，在车站出入口阻止乘客进站，并关闭部分出入口 | 有乘客受伤时，帮助伤者转移到安全区域，视伤情进行救治 |
| 站务员 | ① 维持秩序<br>② 厅巡负责打开员工通道疏散乘客出站<br>③ 票务员收好票款，锁闭售票厅<br>④ 关停向下的电扶梯，视情况关停向上的扶梯<br>⑤ 听从值班站长或客运值班员的安排，在车站出入口阻止乘客进站，需要时其中一人应到紧急出入口接应外部支援力量 | 保洁、保安协助车站工作人员疏散乘客，抢救伤者 |

## 二、清  客

清客是指在遇到运营设备故障、列车暂时中止服务或行车组织发生变更调整时,需要将乘客从某一区域全部转移到另一区域。清客组织办法常用在列车清客、列车在区间隧道发生故障的清客以及车站火灾情况下的清客等,见表4-6。

表4-6 车站清客组织办法

| 负责人员 | 具体行动 | 备注 |
| --- | --- | --- |
| 值班站长 | ① 通知各岗位员工执行车站清客程序,组织车站员工对乘客进行清客,引导乘客退票<br>② 乘客全部出站后,检查站厅、站台是否有滞留乘客,关闭出入口<br>③ 安排车站人员到紧急出入口张贴告示<br>④ 向站长汇报相关情况,并做好详细记录 | 车站工作人员协助处理清客,等待恢复运营 |
| 行车值班员 | ① 接到上级清客命令后通知各岗位员工车站停止服务,执行清客程序<br>② 通知地铁公安到现场维持秩序<br>③ 播放清客广播和票务政策广播<br>④ 按下自动售检票(AFC)系统紧急按钮,使自动检票机处于常开状态,并将自动售票机设置为暂停服务状态<br>⑤ 通过乘客资讯显示系统发布车站停止服务信息<br>⑥ 关站后,执行节电照明模式 | 整个过程尽量不要引起乘客的恐慌 |
| 客运值班员 | ① 引导乘客出站或办理退票,并向其做好解释工作<br>② 根据实际需要为售票员配备零钞<br>③ 统计退票数量,并封好回收的单程票上交票务室 | 注意乘客情绪,按规定耐心做好乘客安抚工作 |
| 其他工作人员 | ① 厅巡打开车站员工通道,引导乘客出站或办理退票<br>② 票务员负责办理退票<br>③ 安全员、保安负责维持秩序<br>④ 听从值班站长或客运值班员的安排,张贴告示 | 时刻注意现场情况,做好乘客安抚工作 |

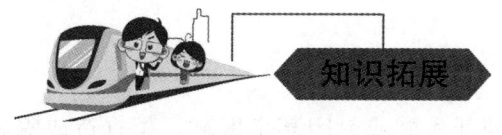

**知识拓展**

列车故障无法动车情况下的清客流程如图 4-6 所示。

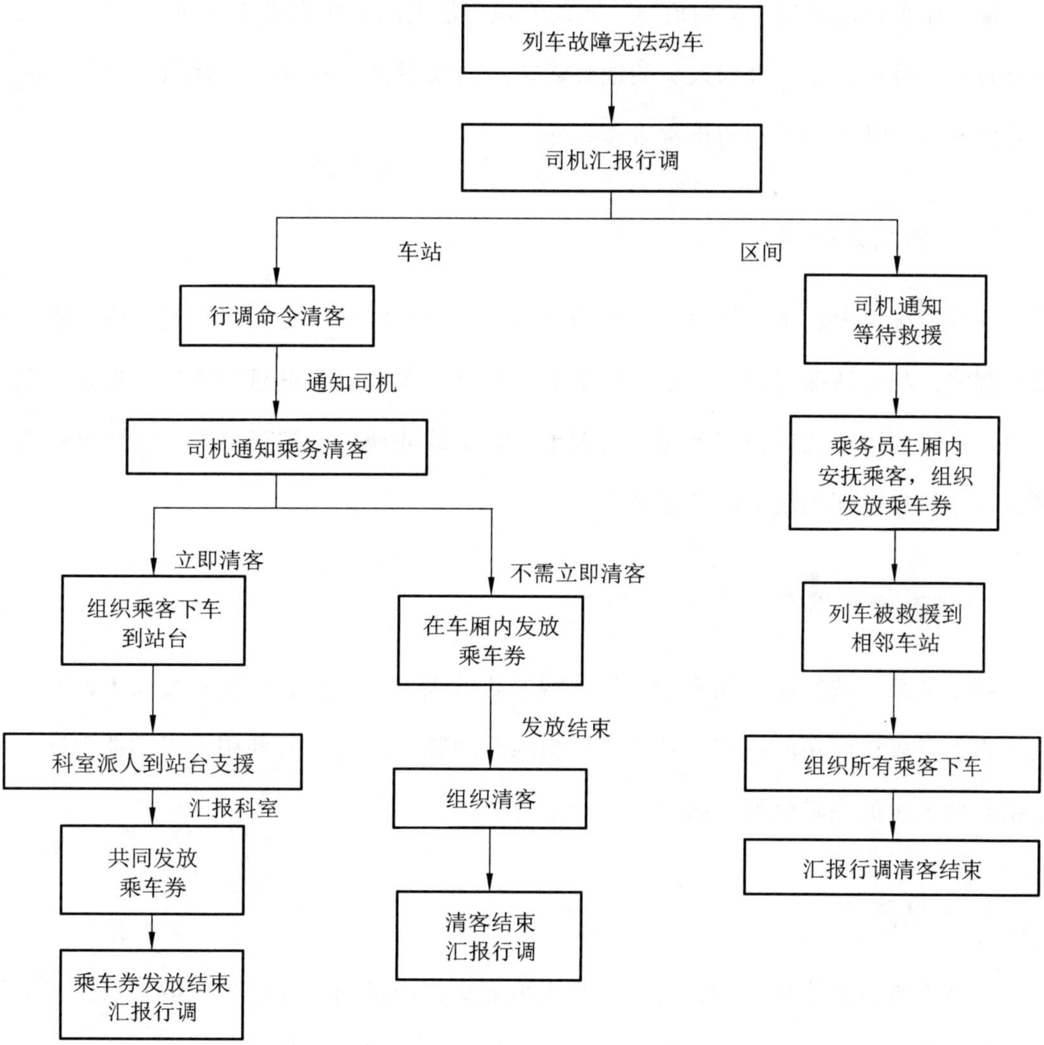

图 4-6 列车故障无法动车情况下的清客流程

## 三、隔 离

隔离是指采用某种方式或设备人为地隔开人群或封闭某个区域。根据造成隔离的原因，隔离的客流组织方法分别如下：

1. 非接触纠纷隔离

乘客在车站内发生口头纠纷时，离纠纷现场最近的工作人员要立即上前进行调解，必要时把纠纷双方分别带到人少的地方或车站会议室进行劝说。如有围观乘客，应及时劝离现场，维护好车站的正常工作秩序。

2. 接触式纠纷隔离

乘客在车站内发生打架时，离纠纷现场最近的工作人员应立即赶到现场，通知车站控制室，与车站保安人员一起把打架双方隔开。车站控制室通知值班站长赶到现场处理，视需要通知地铁公安到场，将肇事双方交其处理。有围观乘客，应及时劝离现场，并寻找目击证人填写事件记录。

3. 客流流线隔离

当车站某一端客流比较集中，排队购票队伍太长与进出客流发生交叉干扰时，车站工作人员可以利用隔离带、铁马等设备人为地隔开人群，并利用手提广播引导一部分乘客到人少的一端购票、进站。

4. 疫情隔离

车站发现有传染疫情病人时，必须采取隔离组织措施，并报告防疫部门，按上级要求关闭各出入口，列车通过不停车，对与疑似人员有过接触的物品、人员进行消毒隔离，所有站内人员必须待在车站内，未经防疫部门的许可不能离开车站。

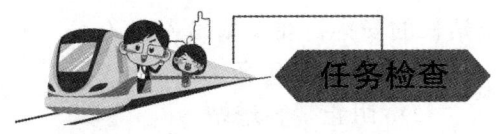

表 4-7 非正常情况下的车站客流组织——任务检查单

| 任务编号 | 4-4 | 任务名称 | 非正常情况下的车站客流组织 | | |
|---|---|---|---|---|---|
| 序号 | 检查内容 | | | 是 | 否 |
| | 乘客疏散工作 | | | | |
| 1 | 模拟演示车站疏散组织 | | | | |
| 2 | 阐述隧道疏散组织办法 | | | | |
| | 乘客清客工作 | | | | |
| 3 | 模拟演示车站清客组织 | | | | |
| 4 | 模拟演示列车清客组织 | | | | |
| | 乘客隔离工作 | | | | |
| 5 | 分组演示 4 种场景下的隔离方法 | | | | |

一、选择题

1. 值班站长接到紧急情况的报告后,迅速派( )赶往现场确认,并调查事故原因。

　　A. 调度员　　　　　　　　　　　　B. 维修工
　　C. 环调　　　　　　　　　　　　　D. 站务员

2. 如危及车站员工及其他人员安全时,应组织员工通过( )到安全区域集合。

　　A. 跨越轨道线路　　　　　　　　　B. 翻越闸机
　　C. 紧急出入口　　　　　　　　　　D. 升降电梯

3. 车站疏散时,需关闭( )。

　　A. 向下的电扶梯　　　　　　　　　B. 向上的电扶梯
　　C. 垂直电梯　　　　　　　　　　　D. 楼梯通道

4. 车站疏散时，客运值班员需听从值班站长的安排，在车站出入口（　　）。
   A. 张贴通知　　　　　　　　　B. 播报道歉信
   C. 播报事故原因　　　　　　　D. 阻止乘客进站
5. 下列情景不属于非正常情况的是（　　）。
   A. 恐怖袭击　　　　　　　　　B. 暴雨
   C. 火灾　　　　　　　　　　　D. 地震

## 二、填空题

1. 在非正常情况下，车站可根据实际情况采用不同的客流组织方式对乘客进行疏导，主要有＿＿＿＿＿、＿＿＿＿＿和＿＿＿＿＿三种办法。
2. 疏散是指在紧急情况发生时，城市轨道交通工作人员利用＿＿＿＿＿和＿＿＿＿＿迅速将乘客从危险区域全部转移到＿＿＿＿＿。
3. 清客组织办法常用在＿＿＿＿＿清客、＿＿＿＿＿的清客以及＿＿＿＿＿的清客等。
4. 乘客在车站内发生口头纠纷时，如有围观乘客，应及时＿＿＿＿＿，维护好车站的正常工作秩序。

## 三、判断题

（　　）1. 如果乘客的到站超过付费的车站，乘客出站时在出口闸机会遭拒收票。
（　　）2. 地铁突发公共事件的处理一般应遵循"先救人，后救物；先全面，后局部"的原则。
（　　）3. 乘客在车站内发生打架时，离发生纠纷现场最近的工作人员应立即赶到现场。
（　　）4. 清客时应使自动检票机处于常闭状态。
（　　）5. 有乘客受伤时，帮助伤者转移到安全区域，视伤情进行救治。

**任务拓展**

假如一名精神病人携带易燃物品进入车站并点燃，威胁到乘客安全。试录制一段视频，展示如何安排列车上的乘客进行疏散。

# 项目五

# 城市轨道交通车站乘客服务

## 任务一　服务通用标准认知

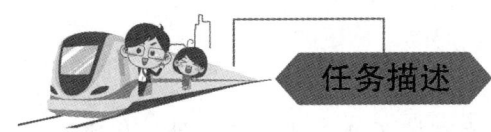

城市轨道交通作为一种现代化的交通工具,虽然是一个庞大而复杂的系统,但直接面对的是广大乘客,是为广大乘客的出行服务的。乘客是轨道交通客运服务工作的对象,而客运服务工作是直接反映轨道交通系统运营管理水平的重要标志之一,也是反映城市文明程度的一个窗口。

本任务将学习关于城市轨道交通通用标准服务方面的知识。

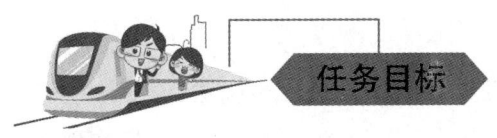

- 能展示标准站姿、坐姿、走姿;
- 能展示标准仪容仪表;
- 能正确使用标准服务语言。

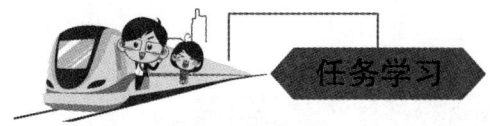

## 一、形体标准

1. 站 姿

站姿是指人在停止行动之后,直立身体,双脚着地的姿势。它是一种静态的身体造型,是平常最基本的姿态,也是其他动态的身体造型的基础和起点。优美的站姿是展现人体动态美的起点,是培养仪态美的基础。

基本站姿,指的是人们在自然直立时所采用的正确姿势。标准是正和直,主要特点是头正、肩正、身正;颈直、背直、腰直、腿直。在岗期间,工作人员应注意站姿挺拔、双手自然下垂、两腿并拢,不得出现背手、手插口袋或将手搭在物品上的行为。

2. 坐 姿

坐姿的基本要求:入座时要轻稳,臀部坐在椅子 1/2 或者 2/3 处,离座时要自然稳当。

在岗期间,工作人员应注意坐姿端正、抬头挺胸,不得出现背靠椅背斜躺、抖腿、用手托腮及趴在桌面上等行为。

坐姿禁忌:

(1)侧肩、耸肩、上身不正含胸或过于挺胸。

(2)双臂交叉抱于胸前,双手抱于腿上或夹在腿间。

(3)趴伏桌面,背部拱起。

(4)跷二郎腿,叉开过大,腿部伸出过长脚步抖动,蹬踏他物,脚尖指向他人。

3. 走 姿

步态的基本要求:双肩应平稳、上身挺直、注意步位、步幅适当。

在岗期间,工作人员应注意行走姿势美观,动作文雅,端正大方,身体稍向前倾,挺胸收腹,两肩放松,上体正直,两臂自然前后摆动,步伐轻快稳重。行进中两眼平视,正对前方,身体保持垂直平稳,无左右摇晃、八字步和罗圈腿。行进过程中,保持速度适中,如无紧急情况,不可跑步。

步态禁忌:

(1)走路"内八字"或"外八字"。

（2）蹬踏或拖蹭地面，垫脚走路。

（3）步伐过快或过慢。

### 4. 蹲　姿

蹲姿是人的身体在低处取物、拾物、整理物品、整理鞋袜时所呈现的姿势，它是人体静态美与动态美的结合。蹲姿要动作美观，姿势优雅。

标准蹲姿：

（1）下蹲拾物时，应自然、得体、大方，不遮遮掩掩。

（2）下蹲时，两腿合力支撑身体，避免滑倒。

（3）下蹲时，应使头、胸、膝关节在一个角度上，使蹲姿优美。女士无论采用哪种蹲姿，都要将腿靠紧，臀部向下。

（4）弯腰捡拾物品时，两腿叉开，臀部向后撅起，是不雅观的姿态。两腿展开平衡下蹲，其姿态也不优雅。

（5）下蹲时注意内衣"不可以露，不可以透"。

## 二、仪容仪表标准

仪容，即容貌，包括面容、发式、手部、体味和口腔卫生等。修饰仪容的基本要求是美观、整洁、得体。

发型主要考虑对象、环境，还要考虑自身特点。面对乘客时发型要把握庄重、严肃、利落、大方的原则，而且还要严守本行业、本公司的特殊要求。

具体要求如下：

（1）留长发（头发过肩）的女工作人员身着工作制服时，应将头发挽于头花网内。男工作人员不准留长发、光头、大包头、大鬓角和胡须。男士鬓发不盖及耳部，后部长度不及衣领。工作人员不留怪发，不用艳色发饰，前发不遮眉，不用带刺激香味的发乳、摩丝；若染发要尽量贴近天然颜色，不得染黄、红、白等夸张的色彩或挑染发色；勤修指甲，不留长指甲（长度不超过 2 mm），不涂有色指甲油；着制服时只能佩戴简单大方的单条项链，且不得露出制服；手指上只能佩戴一枚简单大方的戒指；耳垂上只能佩戴一副简单的耳钉；手腕上佩戴的手表及手链等，只能是简洁大方的款式，链条不能超过一圈，且不能有吊坠。

（2）车站志愿者、实习生应按规定着装，按要求穿着马甲，不得穿着带帽子或带毛领的外套、T 恤，不穿奇装异服，不得将打底裤外穿，不得穿裙子或短裤，裤长需超过脚踝，不得穿靴子或鞋跟高于 3 cm 的高跟鞋，刘海不过眉毛，女工作人员长发需挽成团固定。

## 三、服务语言标准

工作人员接待乘客问询时，须使用普通话及文明用语，做到有问必答，并掌握与服务岗位相关的简单英语会话。

在对乘客服务时，应根据乘客的不同身份使用恰当的称谓，如先生、女士、同志等，不得使用"喂""嘿""哎""那位"等不礼貌用语称呼乘客。讲话时，应做到字正腔圆，吐字清晰，声调柔和，十字文明用语"您好""请""谢谢""对不起""再见"不离口。在回答乘客问题或使用人工广播时，应注意语调沉稳、语气舒缓、吐字清晰、声音圆润、语速适中、音量适宜，避免声音刺耳使乘客惊慌。手提广播不能对着乘客的耳朵呼喊。在处理违章事宜时，要注意态度和蔼、得理让人，不得讲斗气、噎人、训斥、顶撞、过头及不在理的话。

此外，工作人员还应努力提高自身外语水平，在对不使用汉语的乘客服务时，可以借助乘客服务区内指示牌等设施，完成服务目标。

比如售票岗：
- ◇ 您好！请您稍等！
- ◇ 收您××元。您的钱正好。
- ◇ 收您××元，找您××元。
- ◇ 谢谢，请您收好／请您点清。

检票岗：
- ◇ 您好！
- ◇ 谢谢！谢谢您的合作！请走好！

**拓展提高**

**天津市轨道交通服务标准（暂行）**

### 第一章　总则

第一条　为加强轨道交通运营管理，保障轨道交通的运营安全与服务质量，维护乘客的合法权益和轨道交通的运营秩序，根据《天津市轨道交通管理规定》第四十四条规定，制定本标准。

第二条　在本市范围内进行轨道交通运营服务的单位，必须遵守本标准。

第三条　运营单位应当遵循安全第一的原则，建立健全各项安全运营制度和安全操作规程，保证轨道交通的正常、安全运营，同时提供规范、连续、高效、优质的轨道交通运营服务。

第四条 轨道交通运营单位可依据本标准制定服务细则，并按规定报轨道交通主管部门备案。服务细则不得违反本标准规定内容。

## 第二章 工作人员服务标准

第五条 基本行为规范

（一）职业道德

（1）具有良好的道德观念、道德情操和道德风尚，能够自觉运用道德规范约束自己的行为，做好服务工作。

（2）维护国家和企业的利益和声誉，不做有损国格、人格的事情。

（3）对待乘客一视同仁，不以貌取人。尊重乘客的民族习惯、宗教信仰。

（二）员工乘车规范

（1）员工乘坐轨道交通要主动出示员工卡或其他有效证件。

（2）遇有突发事件，须协助当值人员采取紧急处理措施，必要时要协助维持乘车秩序，确保行车安全。

（3）员工在乘坐轨道交通过程中要维护运营单位的形象和声誉。

第六条 工作人员仪容风纪

（一）仪容仪表

（1）员工班前应做到自检、互检仪容仪表，不符合要求应立即纠正后才能上岗。

（2）员工着装严格按照规定佩戴肩章、胸牌、领带、头花、领花等。

（二）工作人员服务态度

（1）主动热情，乘客至上，服务第一，坚守岗位，遵守纪律。

（2）坦诚待客，耐心周到，不卑不亢，大方稳重。

（3）助人为乐，照顾周详。对老弱病残乘客主动照顾，服务细致；对有困难的乘客提供必要的帮助。

第七条 工作人员礼节礼貌规范

（1）使用标准普通话及服务规范用语为乘客提供服务。

（2）服务语言使用亲切、准确、简明扼要、表达清楚。

第八条 咨询及投诉处理

（一）咨询处理

（1）员工要精通本职业务，应详细掌握本站、本站周边的地理及人文情况，最大限度地向乘客提供优质的服务。

（2）按照"首问责任者"的服务要求执行：第一个接受乘客咨询或要求的人，就是解决乘客咨询问题和提出要求的"首问责任者"。

（二）投诉处理

（1）对乘客提出的投诉应礼貌接待，做好记录，及时拿出处理意见。

（2）处理乘客投诉应单独处理，不要在公共场所受理或处理。

## 第三章  设备设施服务标准

轨道交通运营单位对运营设施和服务设施应当定期检查，及时维修、更新，确保轨道交通设施处于安全运行的状态；同时应按照消防管理、事故救援等相关规定，保持轨道交通设施内设置的消防、防汛、防护、报警、救援等器材设备的完好和电子监控设施的正常运行。

第九条  车站设备设施

（1）自动扶梯在运营时间内正常运转，安全可靠使用。

（2）乘车导向方便、准确、美观、醒目。

（3）公告、通告等临时性导向标志统一位置张贴、悬挂。

（4）变更影响乘客出行的重大信息时，应三日前对导向标志做出调整。

（5）自动售检票系统安全可靠实用。

（6）广播音量适中，音质清晰。人工广播使用普通话，吐字清晰，表达完整，并应逐步实行双语广播。

（7）安全门系统保证门动灯动统一，并在显要位置标注安全警示标志、标语或图示说明，起到安全提示作用。

（8）紧急设施定期检查，完好可用。

第十条  车厢设备设施

（1）电子线路图当前显示车站与列车前方运行车站相一致。

（2）电子信息显示屏显示信息准确、及时，为乘客提供优质的视觉提示。

（3）紧急通话、灭火器等装置定期检查，紧急情况下切实使用。

（4）列车广播音量适中，吐字清晰，报站准确、准时。

（5）座椅、扶手坚实稳固，保证乘客出行的基本安全。

## 第四章  环境及卫生标准

第十一条  车站环境及标准

（1）出入口、通道宽敞明亮、畅通无阻、无杂物堆积。

（2）车站内地面无纸屑、垃圾和积水；墙壁无灰尘和污垢；楼梯无尘积、污秽。

（3）自动售票机、自动扶梯、座椅、垃圾桶等乘客直接接触的服务设施干净整洁。

（4）客服中心、车控室等乘客可视区域范围内的公共物品摆放整齐、有序。

（5）车站照明明亮，满足乘客出行要求；应急照明满足随时开启的需要，使用时间满足乘客安全疏散所需时间。

（6）车站内空气流通，无异味。

第十二条　车厢环境及卫生

（1）车体、车窗清洁，无破损、无尘积，定期对运行车辆内部进行消毒，定期对车体进行洗刷。

（2）座椅清洁明净、扶手清洁光滑、无尘积。

（3）地板干净整洁，通道畅通自如，无杂物堆积，侧壁光滑明净，无尘积。

（4）车厢照明满足乘客在正常乘坐过程中的服务要求，灯罩外表光亮明净，罩内无异味异物。

（5）车厢内空气流通，无异味，符合运营标准。

表 5-1　城市轨道交通服务通用标准认知——任务检查单

| 任务编号 | 5-1 | 任务名称 | 城市轨道交通服务通用标准认知 | | |
|---|---|---|---|---|---|
| 序号 | 检查内容 | | | 是 | 否 |
| | 展示标准站姿、坐姿、走姿 | | | | |
| 1 | 标准站姿演示 | | | | |
| 2 | 标准坐姿演示 | | | | |
| 3 | 标准走姿演示 | | | | |
| | 展示标准仪容仪表 | | | | |
| 4 | 小组展示标准仪容仪表并讲解 | | | | |
| | 正确使用标准服务语言 | | | | |
| 5 | 模拟真实场景，演练使用标准服务语言 | | | | |

## 一、简答题

1. 在工作中,怎样才能做到热情周到的服务?
2. 怎样才能做好微笑服务?
3. 简述饰品佩戴的原则。

## 二、填空题

1. 站台安全员的站立姿势要遵循＿＿＿＿、＿＿＿＿、＿＿＿＿原则。
2. 坐姿的基本要求:入座时要＿＿＿＿,臀部坐在椅子＿＿＿＿处,离座时要＿＿＿＿。
3. 面对乘客时发型要把握＿＿＿＿、＿＿＿＿、＿＿＿＿的原则,而且还要严守本行业、本公司的特殊要求。
4. 工作人员接待乘客问询时,须使用＿＿＿＿及＿＿＿＿,做到＿＿＿＿,并掌握与服务岗位相关的简单英语会话。
5. 留长发(头发过肩)的女工作人员身着工作制服时,应将头发＿＿＿＿。

制作一段视频,表现服务过程中容易出错或出现矛盾的场景,并展示出解决问题的合规合理的方法。

项目五　城市轨道交通车站乘客服务

# 任务二　车站标准客运服务

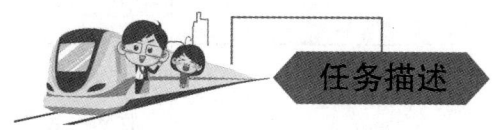

城市轨道交通服务是将乘客从其出发站输送到目的站，为他们提供安全、便利、舒适、快捷的乘车、候车环境。车站各岗位人员除了具备基础服务能力以外，还须具备更重要的专业技术能力，提供客运服务衡量尺度，为车站服务管理提供主要依据。

本任务我们将学习关于城市轨道交通车站标准客运服务。

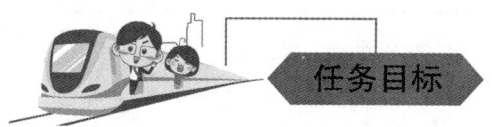

- 能演示站务员标准作业；
- 能演示值班员标准作业；
- 能演示值班站长标准作业。

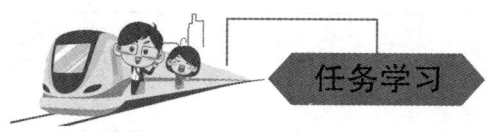

## 一、站务员作业标准

### 1. 票亭岗作业标准

票亭岗在岗期间，应注意坐姿挺胸直腰，收腹收臀，目视前方，右手轻握左手放在工作台上，两膝相靠，两脚并拢或稍分；在与乘客交流时，须注视乘客。票亭内物品须摆放整齐，当无乘客在窗口购票、充值、兑零时，票亭岗人员须到闸机旁引导乘客出闸；当售票员办理交接时，交接时间不得超过5分钟，交接时须摆放"正在办理交接"牌，同时向购票乘客做好解释工作。票亭岗作业标准见表5-2。

表 5-2 票亭岗作业标准

| 步骤 | 程序 | 使用时机 | 动作 | 用语 |
|---|---|---|---|---|
| 1 | 收 | 乘客购票时 | 面带微笑，自然注视对方，主动点头致意，礼貌询问对方要去的目的地，若乘客直接说出目的地，则只需向乘客问好 | 您好，请问到哪里？ |
| 2 | 唱 | 说出票款金额，重复乘客要求的购票张数、车票类型或充值金额等，若未听清乘客的要求，应主动礼貌地询问 | 用普通话清晰讲出所收取乘客面额、票卡金额、张数或充值金额等 | 收您×元，××站××元1张；充值××元 |
| 3 | 操 | 正确、迅速地操作：检验钞票真伪，如钞票为伪钞，则要求乘客重新更换钞票 | 在BOM机上操作相应功能键，并指引乘客确认显示屏中的内容 | 请您确认 |
| 4 | 找 | 将车票找赎的零钱一起礼貌地交给乘客 | 将票卡、零钱平稳放入票槽中方可松手，严禁抛丢票卡、钱钞，并指引乘客拿票、钱 | 请您拿好/找您××元；请往这边进站乘车 |

2. 厅巡岗作业标准

厅巡岗除正常巡视站厅、出入口等，还肩负 TVM 引导的重任，其作业标准见表 5-3。

表 5-3 厅巡岗作业标准

| 步骤 | 程序 | 使用时机 | 动作 | 用语 |
|---|---|---|---|---|
| 1 | 问 | 乘客走向 TVM | 面带微笑，自然注视对方，主动点头致意，礼貌询问 | 您好，请问到哪里？ |
| 2 | 操 | 引导乘客在 TVM 上选择相应的功能键，购买车票 | 态度和蔼 | 请选择您所到达的目的地；请选择您购买的张数；请从取票、找零口拿取您的车票 |
| 3 | 引 | 乘客已购买单程票 | 手指自然并拢，掌心斜向上方，指向进站方向，待乘客离去后收回 | 请在此处刷卡进站 |

3. 站台岗作业标准

站台岗在站台负责站台安全，引导乘客上、下车。站台岗作业标准见表5-4。

表 5-4 站台岗作业标准

| 步骤 | 程序 | 使用时机 | 动作 | 用语 |
|---|---|---|---|---|
| 1 | 侯 | 列车未到站，维持站台候车秩序 | 站在滑动门中间，身体背向滑动门，面带微笑，双臂自然张开，斜指向两侧地面 | 请乘客按箭头排队候车，多谢合作 |
| 2 | 引 | 列车到站开门后，引导乘客下车并劝阻乘客抢上 | 站在固定门的边缘，面向滑动门 | 请乘客先上后下，注意安全，上车后请往车厢中部走，多谢合作 |
| 3 | 挡 | 列车灯闪，即将关门，阻止乘客抢上 | 站在滑动门旁，面向屏蔽门，可监视其余屏蔽门状态，单手臂伸直做拦截状，手掌与地面垂直 | 请耐心等候下一趟列车 |

电扶梯引导作业标准：

进、出站乘客到达电扶梯时，扶梯岗员工应面带微笑，站立在电扶梯旁，观察电扶梯的运行状态，并使用标准引导语"搭乘扶梯的乘客，请靠右站稳，左侧通行，拉好扶手，注意安全"，加强安全宣传，一旦发现乘客摔倒，立即按压紧急停止按钮，并使用标准引导语"请抓紧扶手，电梯将紧停"。

## 二、值班员作业标准

车站值班员在值班站长的领导下开展工作，对当班站务员的工作进行安排、指导、监督；向值班站长汇报本班设备、设施运作情况和各岗位工作情况；向本班组、车站、部门提出本人的建议和意见；紧急情况协助值班站长执行相关应急处理预案。车站值班员作业标准如下：

（1）提前30分钟到站，了解日班计划、列车运行情况、站内停留车状况、调车作业进度、货源、货位及装卸作业、行车设备运用状况、站内与区间施工安排及有关文电指示等。

（2）接班前10分钟召集全班人员列队点名，检查着装和人员的精神状态，主持传达日班计划、上级命令、指示及有关注意事项，做到有关情况全员了解、日班计划人人清楚，搞好班前安全预想。

（3）认真实行对号交接制度，对列车运行情况、站内停留车位置、防溜措施、各种行车备品及有关上级指示和重点注意事项要逐项交接，做到交清接明，互相签认。

（4）严格执行《接发列车作业标准》和非正常情况下作业程序及安全行车措施，按规定办理闭塞、准备进路、填写及交接行车凭证、填记行车日志等。

（5）调车作业时，根据列车运行预确报及本站装卸等情况，正确及时地编制和传达作业计划，正确填写调车作业通知单，合理安排接发列车和调车作业的衔接，掌握调车进度，按规定时间停止妨碍接发列车进路上的调车作业，严禁"抢勾"作业。

（6）正确、及时、清楚地填写各种台账和报表。

（7）组织全班人员认真总结一班工作，找差距，查隐患，定措施，整理和登记有关台账和簿册。

值班员具体作业标准如图 5-1 所示。

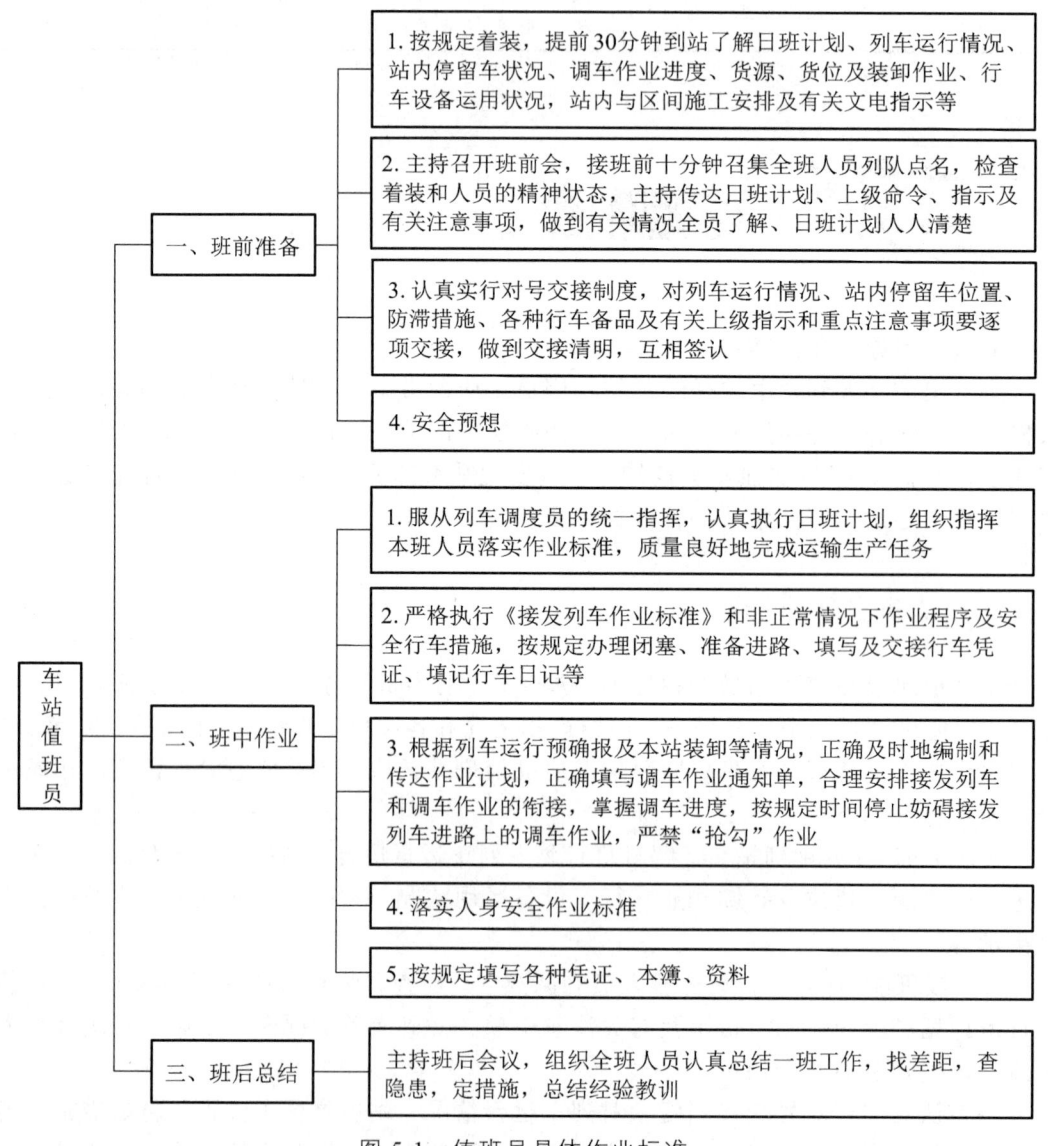

图 5-1 值班员具体作业标准

## 三、值班站长作业标准

值班站长是车站的基层管理者，也是车站运营的直接组织指挥者。值班站长在车站要充分发挥员工的积极性和主观能动性，团结协作，合理的组织人力、物力，充分利用各方面信息，使车站安全有序运营。其作业标准如下：

（1）值班站长主要负责现场安全监督、作业标准化检查、岗点巡检、精细化管理等工作，遇到问题及时处理，按规定要求逐级汇报，并认真记录。

（2）值班站长每天应认真填写《班组长日志》，并组织召开交接班会，对上一班工作情况进行分析、总结，对下一班交清注意事项，并提出工作要求。

（3）交接班时，应将工作中存在的问题及有关文件、规定、会议精神、上级指示等交接清楚。值班手机必须交接，并保证信息畅通。

（4）值班站长应主动做好缺员时的顶岗工作，保证行车安全，运输畅通。

（5）必须保证班组（车站）24 h有人值班，值班站长（主任）值班期间不得无故离开岗位（特殊情况必须经站长批准），并做到管理人员面对面交接。

（6）车站调车作业时，如遇到特殊情况（检修、停电、站场改扩建、施工、天气不良等时），值班站长应对调车作业通知单进行审核、签认，并做好作业现场监督，发现问题及时处理。

（7）为了规范信号显示，班组（车站）严格组织每一班职工做好信号操的演练。

（8）严格点名制度，汇报安全生产情况。如有特殊情况，应一起汇报，汇报时必须用班组（车站）值班电话。

（9）当班期间严禁打牌、酒。

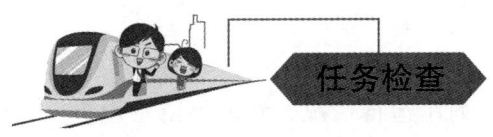

表5-5 车站标准客运服务——任务检查单

| 任务编号 | 5-5 | 任务名称 | 车站标准客运服务 | | |
|---|---|---|---|---|---|
| 序号 | 检查内容 | | | 是 | 否 |
| 演示站务员标准作业 | | | | | |
| 1 | 票亭岗标准作业演示 | | | | |
| 2 | 厅巡岗标准作业演示 | | | | |
| 3 | 站台岗标准作业演示 | | | | |
| 演示值班员标准作业 | | | | | |
| 4 | 客运值班员标准作业演示 | | | | |
| 5 | 行车值班员标准作业演示 | | | | |
| 演示值班站长标准作业 | | | | | |
| 6 | 值班站长标准作业演示 | | | | |

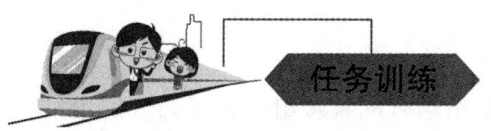

## 一、选择题

1. 票务人员离开岗位没有按规定在票务设备上注销或误用他人账号操作票务设备属于（　　）。

　　A. 一类违章　　　　　　　　　　B. 二类违章

　　C. 三类违章　　　　　　　　　　D. 四类违章

2. 当售票员办理交接时，交接时间不得超过（　　），交接时须摆放"正在办理交接"牌。

　　A. 35 min　　　　　　　　　　　B. 25 min

　　C. 15 min　　　　　　　　　　　D. 5 min

3. 进、出站乘客到达电扶梯时，工作人员一旦发现乘客摔倒，立即按压（　　）。

　　A. 报警按钮　　　　　　　　　　B. 紧急停止按钮

　　C. 广播按钮　　　　　　　　　　D. 对讲机按钮

4. 必须保证班组（　　）有人值班，值班站长值班期间不得无故离开岗位。

　　A. 24 h　　　　B. 12 h　　　　C. 6 h　　　　D. 4 h

## 二、填空题

1. 值班员应认真实行对号交接制度，对列车运行情况、站内停留车位置、防溜措施、各种行车备品及有关上级指示和重点注意事项要_____，做到_____，_____。

2. _____、_____、_____地填写各种台帐和报表。

3. _____是车站的基层管理者，是车站运营的直接组织指挥者。

4. 值班站长交接班时，应将工作中存在的问题及有关文件、规定、会议精神、上级指示等交接清楚，_____必须交接，并保证_____。

5. 当班期间严禁_____、_____。

## 三、判断题

（　　）1. 车站调车作业时，如遇到特殊情况（检修、停电、站场改扩建、施工、天气不良等时），值班站长将不对调车作业通知单进行审核、签认。

（　　）2. 如有特殊情况一起汇报。汇报时必须用班组（车站）值班电话。

（　　）3. 若乘客直接说出目的地，票务员则只需向乘客问好。
（　　）4. 厅巡岗除正常的巡视站厅、出入口等，还肩负 TVM 引导的重任。
（　　）5. 列车灯闪，即将关门，站台岗工作人员应尽快帮助乘客上车。

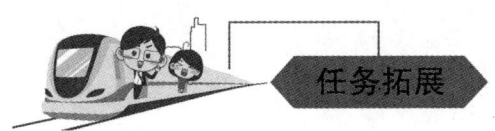

搜集或拍摄客运服务仪容仪表标准和行为举止标准图片，归纳文明服务用语，并设计制作成海报。

## 任务三　乘客事务处理服务

城市轨道交通作为公共服务型企业，有着区别于一般产品或企业品牌的特殊性。随着城市发展和人们出行习惯的改变，城市轨道交通与市民的关系更趋密切，随之带来的乘客纠纷、投诉等事故也随之上升和变得更为复杂。我们不仅要为乘客做好日常服务，在特殊情况下更要服务好乘客，保障乘客权益。

本任务我们将学习关于城市轨道交通乘客事务处理服务。

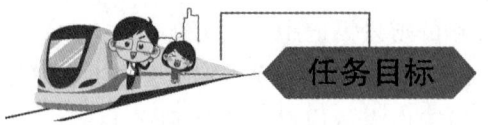

- 能阐述乘客事务处理原则；
- 能合法合规处理乘客纠纷和投诉；
- 能合法合规处理车站遗失物品。

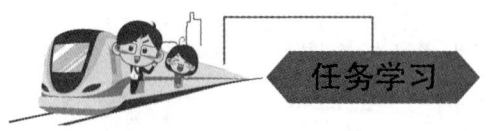

## 一、乘客事务处理

1. 乘客事务处理分类

按乘客事务的性质，可将其分为投诉、建议、咨询和表扬等类别。

2. 乘客事务处理原则

（1）公平公正：在处理乘客事务时应坚持客观、公平、公正。

（2）首问责任制：首位接待乘客的员工负责全程跟进乘客需求，并对乘客最终满意度负责。

（3）顾全大局：处理乘客事务时应尽量减少对其他乘客的影响。遇复杂事件或乘客意见较大的情况，应尽量将其带至乘客较少的区域或会议室内处理。

（4）现场处理：受理乘客事务的个人或部门要尽量在现场将事务处理完毕，以确保处理的有效性。

（5）及时：乘客事务必须及时处理，不能让乘客长时间等待。如当事人第一时间不能处理，应立即通知上级，相关人员接到信息后，必须在 3 min 内到场为乘客处理相关事务。

（6）满意：在处理乘客事务时，应尽量满足乘客的需要，做好服务补救措施，并及时将无法处理或乘客对回复不满意的投诉向上级反映。对于曾进行过投诉或建议的乘客，服务热线应定期电话回访并寄送地铁宣传资料，体现地铁对乘客的关注和尊重。

3. 乘客事务处理要求

在进行乘客事务处理工作时应遵循以下要求：

（1）恪守职责，维护公司利益与品牌形象。

（2）事务调查处理遵循"四不放过"原则，即原因分析不清不放过，责任人和其他员工没有受到教育不放过，没有制订防范整改措施不放过，责任者没有受到严肃处理不放过。

（3）换位思考、人性化服务，在不违反规章制度、损害共同利益的前提下以乘客为先，提供优质服务。

（4）处理乘客事务时不卑不亢，注意自我保护。

（5）现场人员处理不了的事务，应及时上报。

## 二、乘客纠纷处理

车站乘客发生纠纷，不仅会影响客运正常秩序，严重的甚至会影响行车安全。工作人员在发现乘客纠纷时，应及时上前按规处理，防止事态扩大。具体要求如下：

（1）当车站工作人员发现乘客发生纠纷时，应在第一时间上前询问，了解事情经过。

（2）对于便于第三人介入的纠纷，员工应居间劝解，尽量结束纠纷。

（3）对于不便于第三人介入的纠纷或是纠纷无法当场结束的，员工应尽力将乘客请到车站会议室等非公共区域。

（4）当乘客间纠纷已经导致其他乘客发生围观拥堵等影响乘客服务区秩序与安全的现象时，员工应及时疏导人流。

（5）对于无法劝解的纠纷，员工应请地铁公安介入。

## 三、乘客投诉

根据投诉渠道，乘客投诉可分为现场投诉、服务热线投诉、市政投诉、文明地铁监督员投诉和媒体网络投诉。根据事件的性质及产生后果的严重程度，乘客投诉可分为一类有责乘客投诉、二类有责乘客投诉和三类有责乘客投诉。

1. 乘客投诉处理原则

（1）首问责任制。

首位接待乘客的员工负责全程跟进乘客需求，当乘客需求超出职责范围，需及时根据流程逐级上报。

（2）投诉无申辩。

在处理乘客投诉时，首先要向乘客表示歉意，处理过程中要关心来客需求，做到耐心、有礼，态度友善、语气温和，不能出现顶撞、推诿行为。

（3）现场处理。

受理乘客投诉的个人或部门要尽量在现场处理完毕，以确保现场处置的有效性。

（4）满意。

处理乘客投诉时，需迅速响应乘客需求，尽量满足乘客需要，做好服务补救措施，并及时将无法处理或乘客对处理结果不满意的投诉向上级反映。

（5）及时。

乘客现场投诉必须及时处理，避免乘客长时间等待。如当事人第一时间无法处置，应立即报告上级。相关人员接到信息后，必须在 3 min 内到场为乘客处理相关事务。

（6）百分百回复。

对于各渠道受理的乘客投诉，受理部门必须百分百回复乘客，并做好跟踪和台账记录。

（7）投诉调查。

投诉调查遵循"四不放过"的原则，即投诉原因分析不清不放过，责任人和其他员工没有受到教育不放过，没有制订防范整改措施不放过，责任人没有受到严肃处理不放过。

2. 致歉信管理

致歉信发放前，须在"车站："处加盖本站站名章，"日期："处加盖故障当天日期章（格式：20××年××月××日），也可参照格式手填。以下情况可发放致歉信：

（1）调度指挥中心发布列车晚点信息（不论时间长短），有乘客索要致歉信，可派发。

（2）若调度指挥中心未发布列车晚点信息，但本站列车稍有延误，有乘客索要致歉信时，先以前方车站可能有夹人、夹物影响行车秩序为由向乘客解释，再报中心站管理人员同意后派发。

（3）非故障当天乘客索取致歉信时，在核实当天行车调度员发布过晚点信息后，可以派发，并加盖故障当天日期章或手填故障当天日期。

（4）若非故障当天乘客索要致歉信时，经核实当天运行秩序正常（行车调度员未发布过晚点信息），原则上不予发放。给乘客做好解释工作，若有特殊情况，应报中心站管理人员同意后发放。

（5）致歉信原则上由票亭售票员进行发放，需求数量较多时，可安排应急处置能力较好的员工协助发放，发放时统一服务用语为"您好，给您带来不便请谅解，请慢走"。

（6）致歉信发放一人一张，不得多领、代领，页面污损、褶皱、破旧等致歉信不得发放给乘客。

（7）致歉信一经发放，售票员需及时掌握致歉信的余量和发放情况，以便及时申请补充。

## 四、车站遗失物品处置

1. 车站遗失物品处置

（1）车站员工或三保人员拾到失物后，交车站值班站长，同时车站及时通过广播寻找失主。

（2）值班站长与失物拾获者当面检查、核对失物，并详细填写《遗失物品交接/领取物品登记表》，注明失物数量及特征，双方确认签字。

（3）若在失物中找到乘客联系方式，车站应及时通知乘客到车站车控室认领。

（4）若车站拾获易燃、易爆等违禁物品，需立即将该物品移交地铁公安或及时进行处理，并上报站长。

2. 列车上遗失物品处置

（1）司机或列车安全巡查员在列车上拾获乘客丢失的物品后，应通知终点站站台值勤的站务人员，由站务人员与司机或列车安全巡查员进行交接。

（2）司机或列车安全巡查员与站务人员对失物进行简单交接，并填写《遗失物品交接/领取物品登记表》。若特殊情况下站务人员来不及填写《遗失物品交接/领取物品登记表》时，双方可互报姓名和工号（编号），对失物进行交接，事后由车站联系派班室或列车安全巡查员派班点，及时完善《遗失物品交接/领取物品登记表》。

（3）遗失物品交接地点宜安排在站台闭路电视监控头的监控范围内进行交接。

（4）若乘客在车站或列车上拾获遗失物品，车站工作人员应及时引导乘客将拾获物品交给车站值班站长或地铁公安，并将拾获时间、地点、物品种类等做好登记。

3. 车站拾获现金处置

车站若拾获现金，拾获人与车站客运值班员交接，要求值班站长在场进行监控，交接时需在录像可监控到的地方办理交接，并要求工字加封，信封上注明金额、加封人、拾获日期、加封日期，防止事后出现纠纷。拾获的现金存放于车站站长室遗失物品专用柜中，并在"当班情况登记簿"上做好交接记录。车站保存现金的期限为1个月，到期后随当天票款解行，各站解行的金额明细填写"遗失物品上交清单"，由站务中心汇总后报财务部。解行后，若乘客联系认领，由车站站务中心提供支付申请以及乘客认领情况说明，与财务部按照公司相关规定办理申请支付的手续。

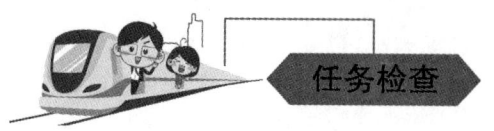

表 5-6 乘客事务处理服务——任务检查单

| 任务编号 | 5-6 | 任务名称 | 乘客事务处理服务 | | |
|---|---|---|---|---|---|
| 序号 | | 检查内容 | | 是 | 否 |
| | 阐述乘客事务处理原则 | | | | |
| 1 | 阐述乘客事务处理原则 | | | | |
| 2 | 归纳总结乘客事务处理要求 | | | | |
| | 合法合规处理乘客纠纷和投诉 | | | | |
| 3 | 复诵乘客纠纷处理要求 | | | | |
| 4 | 讨论总结乘客投诉处理原则 | | | | |
| 5 | 阅读致歉信管理要求 | | | | |
| | 合法合规处理车站遗失物品 | | | | |
| 6 | 演示遗失物品处置程序 | | | | |
| 7 | 演示拾货现金物品处置程序 | | | | |

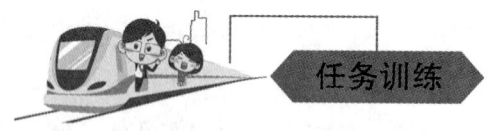

一、选择题

1. 对于无法劝解的纠纷，员工应请（　　）介入。
　　A. 地铁公安　　　　　　　　　B. 站长
　　C. 值班员　　　　　　　　　　D. 中心站长

2. 乘客投诉处理原则不包括（　　）。
　　A. 首问责任制　　　　　　　　B. 投诉无申辩
　　C. 大事化小　　　　　　　　　D. 现场处理
3. 致歉信原则上由（　　）进行发放。
　　A. 安全员　　　B. 售票员　　　C. 值班员　　　D. 值班站长
4. 车站员工或三保人员拾到失物后，交车站值班站长，车站及时通过广播寻找失主（　　）有人值班，值班站长值班期间不得无故离开岗位。
　　A. 24 h　　　　B. 12 h　　　　C. 6 h　　　　D. 4 h

## 二、填空题

1. 处理乘客事务时应尽量减少＿＿＿＿＿＿，遇复杂事件或乘客意见较大的情况，尽量将其带至＿＿＿＿＿＿或会议室内处理。
2. 在处理乘客事务时应坚持＿＿＿＿、＿＿＿＿、＿＿＿＿。
3. 在处理乘客事务时，应尽量＿＿＿＿＿＿，做好服务补救措施。
4. 事务调查处理遵循＿＿＿＿＿＿原则。
5. 受理乘客投诉的个人或部门要尽量在＿＿＿＿＿＿处理完毕，确保＿＿＿＿＿＿的有效性。

## 三、判断题

（　　）1. 车站只办理当天失物的认领工作，隔日的失物认领统一到失物处理中心办理。
（　　）2. 致歉信发放时统一服务用语为"您好，给您带来不便请谅解，请慢走"。
（　　）3. 若车站拾获易燃、易爆等违禁物品，需立即将该物品上交车控室。
（　　）4. 司机或列车安全巡在员在列车上拾获乘客丢失的物品后，应通知终点站站台值勤的站务人员，由行车调度与司机或列车安全巡查员进行交接。
（　　）5. 遗失物品交接地点宜安排在站台闭路电视监控头的监控范围内进行交接。

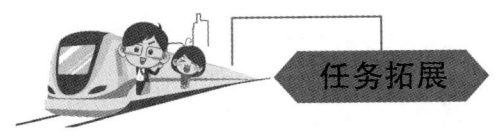

小组表演一段小品，展示乘客纠纷处理场景。

# 项目六

# 岗位综合实训

## 任务一 轨道车站厅巡岗位综合实训

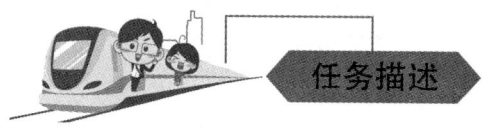

站厅是车站的门面,随着客流量的日益增大且存在乘客文化水平的层次差异,厅巡的工作难度很大。如何提高服务质量,提升服务水平,已成为每个厅巡岗位工作人员努力的方向。厅巡主要负责乘客票务处理、秩序的维护、问询、巡查等工作。

本任务我们进入当地轨道车站,在真实工作场景下进行厅巡岗位综合实训,理论结合实践,解决实际工作问题。

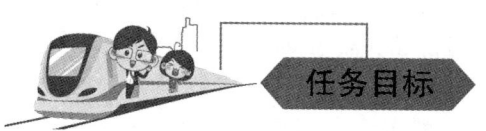

能利用所学知识解决实际问题。

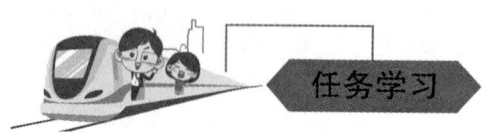

### 一、明确分析任务

以小组为单位领取事件情景模拟列表,完成列表中的所有任务。每个人均需分工完成任务，个人部分完成后，再在小组内统一汇总并进行展示。事件情景模拟任务见表 6-1。

表 6-1　事件情景模拟

| 任务名称 | 事件情景模拟 | 任务要求 |
| --- | --- | --- |
| 任务一：遭遇恶劣天气 | 5 月某一天，周五 18 点左右，突降暴雨，轨道车站涌入大量避雨群众，与正值下班客流高峰期的乘客拥挤在站厅层，且暴雨造成地面湿滑，场面混乱 | 1. 制定应急预案；<br>2. 绘制客流组织流程图并进行讲解 |
| 任务二：车站人为纵火 | 某上班日早高峰，地铁站站厅层，有一可疑分子强行突破安检，将手中不明液体倾洒在地，随后拿出打火机将其点燃，现场立刻燃起滚滚烈火，周围乘客惊慌逃散，造成 1 人受伤 | 1. 制定应急预案；<br>2. 绘制事件处理流程图并进行讲解 |
| 任务三：自动售票机发生故障 | 国庆节期间，上午 10 点，车站站厅自动售票机系统发生故障，全部不能使用，使本来乘客排队较多的半自动售票窗口处涌入一些乘客，排列队伍阻隔了通道，且秩序较为混乱 | 1. 制定应急预案；<br>2. 绘制事件处理流程图并进行模拟演练 |
| 任务四：车站发生斗殴事件 | 周日上午 11 点，轨道车站站厅层，有两位乘客因为案件问题吵架，导致随行两拨乘客大打出手，严重影响乘客乘车秩序，且有人在打斗中受伤 | 1. 制定应急预案；<br>2. 绘制事件处理流程图并进行模拟演练 |

## 二、任务准备

（1）应急预案包含内容：

① 解决事件的基本程序。

② 说明是否需要用到疏散、清客、隔离等手段。

③ 讲解具体工作内容以及所需岗位人数。

④ 说明所需工具。

（2）流程图绘制要求：

① 组内讨论，理清思路。

② 总结归纳工作要点并记录下来。

③ 分工绘制流程图。

④ 整个流程合法合规，文字准确、简练。

（3）各小组进行统一协商，分工组织，将自己和本组成员在本次任务中的分工填写进任务检查单，如绘制流程图、负责的工作内容、汇总预案、解说等。

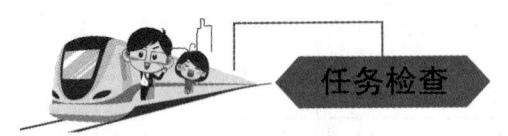

表 6-2　轨道车站厅巡岗岗位综合实训——任务检查单

| 任务编号 | 6-2 | 任务名称 | 轨道车站厅巡岗岗位综合实训 |
|---|---|---|---|
| 序号 | 姓名 | 工作具体内容 | 问题 |
| 1 | | | |
| 2 | | | |
| 3 | | | |
| | | | |
| | | | |
| | | | |
| | | | |
| | | | |

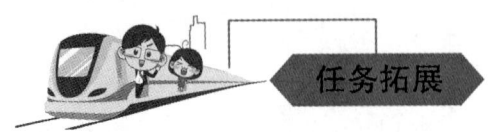

填写实训日志，撰写实训总结报告 1 篇。

## 任务二　轨道车站站台岗综合实训

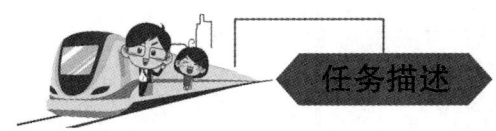

站台是车站的重要组成部分，在早晚客流高峰期，站台秩序容易混乱，有可能引发安全事故，工作人员与乘客之间也容易发生纠纷，其服务的水平直接影响车站的服务质量。安全员主要负责监控站台乘客乘降情况，监控列车运行情况，播放或人工进行站台广播，解答乘客疑问，对乘客安全、秩序进行维护、问询等工作。

本任务我们进入当地轨道车站，在真实工作场景下进行安全员岗位综合实训，理论结合实践，解决实际工作问题。

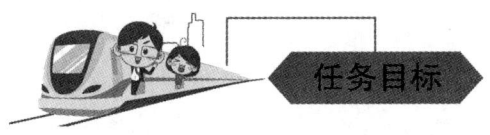

能利用所学知识解决实际问题。

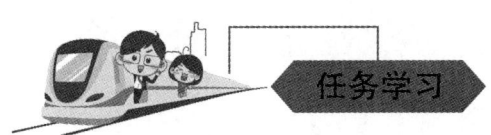

### 一、明确分析任务

以小组为单位领取事件情景模拟列表，完成列表中的所有任务。每个人均需分工完成任务，个人部分完成后，再在小组内统一汇总并进行展示。事件情景模拟任务见表6-3。

表 6-3　事件情景模拟

| 任务名称 | 事件情景模拟 | 任务要求 |
| --- | --- | --- |
| 任务一：站台乘客爆满 | 国庆放假前一天 18:00 点，大量乘客进入车站站台候车，站台客流已趋于饱和状态，进入站台通道的乘客还在不断增加 | 1. 制定应急预案；<br>2. 绘制客流组织流程图并进行讲解 |
| 任务二：电扶梯突发故障 | 上班日早高峰，某换乘站的一个电扶梯突然发出异响，产生断续的振动后电扶梯停止运行，乘客惊慌尖叫，逃散过程中造成 1 人受伤 | 1. 制定应急预案；<br>2. 绘制事件处理流程图并进行讲解 |
| 任务三：隧道内列车故障 | 某天下班高峰期，地铁某区段内一辆列车发生技术故障，导致列车停运 | 1. 制定应急预案；<br>2. 绘制客流组织流程图并进行模拟演练 |
| 任务四：发现有坐轮椅老人候车 | 某下班日晚高峰，在车站站台层，发现一位老人推着另一位坐轮椅的老人候车，此时站台乘客较多 | 1. 制定应急预案；<br>2. 绘制事件处理流程图并进行模拟演练 |

## 三、任务准备

（1）应急预案包含内容：

① 解决事件的基本程序。

② 说明是否需要用到疏散、清客、隔离等手段。

③ 讲解具体工作内容以及所需岗位人数。

④ 说明所需工具。

（2）流程图绘制要求：

① 组内讨论，理清思路。

② 总结归纳工作要点并记录下来。

③ 分工绘制流程图。

④ 整个流程合法合规，文字准确、简练。

（3）各小组进行统一协商，分工组织，将自己和本组成员在本次任务中的分工填写进任务检查单，如绘制流程图、负责的工作内容、汇总预案、解说等。

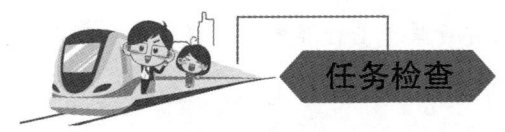

表 6-4　轨道车站站台岗位综合实训——任务检查单

| 任务编号 | 6-4 | 任务名称 | 轨道车站站台岗位综合实训 |
|---|---|---|---|
| 序号 | 姓名 | 工作具体内容 | 问题 |
| 1 | | | |
| 2 | | | |
| 3 | | | |
| | | | |
| | | | |
| | | | |

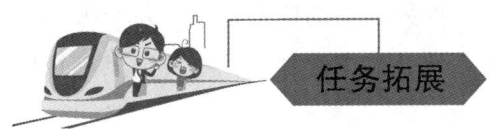

填写实训日志，撰写实训总结报告 1 篇。

## 任务三　轨道车站票务岗综合实训

车站票务岗位于车站的非付费区，担负整个车站的售票、补票、处理坏票，是车站最繁忙的场所之一。票务岗作为车站服务的前沿阵地，其服务水平的高低直接影响着整个车站的服务质量。

本任务我们进入当地轨道车站，在真实工作场景下进行客服中心岗位综合实训，理论结合实践，解决实际工作问题。

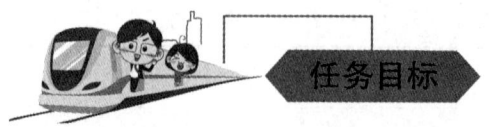

能利用所学知识解决实际问题。

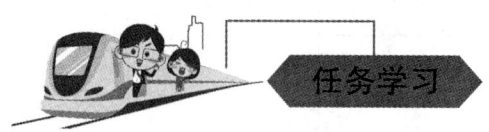

## 一、明确分析任务

以小组为单位领取事件情景模拟列表，完成列表中的所有任务。每个人均需分工完成任务，个人部分完成后，再在小组内统一汇总并进行展示。事件情景模拟任务见表 6-5。

表 6-5 事件情景模拟

| 任务名称 | 事件情景模拟 | 任务要求 |
| --- | --- | --- |
| 任务一：乘客物品丢失 | 乘客拾到其他乘客掉落的物品，并将其交到票亭。过了一会儿，有乘客前来认领物品 | 1. 标准礼貌用语演示；<br>2. 讲解事件正确处理程序 |
| 任务二：乘客无法出站 | 乘客持一卡通乘坐地铁，余额充足，顺利进站，出站的时候闸机显示无效票卡，乘客无法出站 | 1. 标准礼貌用语演示；<br>2. 讲解事件正确处理程序 |
| 任务三：收到假币 | 一乘客用一张 100 元现金购买单程票，随后验钞机显示为假币 | 1. 标准礼貌用语演示；<br>2. 讲解事件正确处理程序 |

## 四、任务准备

（1）标准礼貌用语演示：
① 规范着装。
② 演示几种对话用语。
③ 说明所需工具。
（2）事件处理程序编制要求：
① 组内讨论，理清思路。
② 总结归纳工作要点并记录下来。
③ 分工编制处理程序。
④ 整个程序合法合规，文字准确、简练。
（3）各小组进行统一协商，分工组织，将自己和本组成员在本次任务中的分工填写进任务检查单，如绘制程序图、具体工作内容、解说等。

表 6-6　轨道车站票务岗位综合实训——任务检查单

| 任务编号 | 6-6 | 任务名称 | 轨道车站票务岗位综合实训 |
|---|---|---|---|
| 序号 | 姓名 | 工作具体内容 | 问题 |
| 1 |  |  |  |
| 2 |  |  |  |
| 3 |  |  |  |
|  |  |  |  |
|  |  |  |  |
|  |  |  |  |

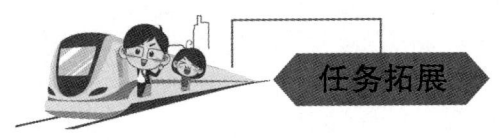

填写实训日志，撰写实训总结报告 1 篇。

# 参考文献

[1] 陈爱琴. 城市轨道交通客运管理[M]. 北京：北京交通大学出版社，2017.
[2] 刘莉娜. 城市轨道交通客运组织[M]. 北京：人民交通出版社，2012.
[3] 丛丛，李俊辉. 城市轨道交通客运组织[M]. 成都：西南交通大学出版社，2015.
[4] 朱海燕. 城市轨道交通客运组织[M]. 北京：中国铁道出版社，2009.
[5] 裴瑞江. 城市轨道交通客运组织[M]. 2版. 北京：机械工业出版社，2015.
[6] 张国宝. 城市轨道交通运输组织[M]. 北京：中国铁道出版社，2000.
[7] 赵岚. 城市轨道交通客运组织[M]. 北京：电子工业出版社，2013.
[8] 申碧涛. 城市轨道交通客运服务[M]. 北京：中国铁道出版社，2015.
[9] 冯娜，郝菊香. 城市轨道交通客运组织[M]. 上海：上海交通大学出版社，2017.
[10] 李志成，周云娣. 城市轨道交通客运组织[M]. 合肥：中国科学技术大学出版社，2014.